四大公害病と環境問題

四大公害病

水俣病・イタイイタイ病・
四日市ぜんそく・新潟水俣病

監修　崎田裕子

まえがき

今なお続く
四大公害病の経験をふまえて

監修 崎田裕子

　スマホやタブレットなどの電子機器、テレビや冷蔵庫などの家電製品、化学物質を活用した化学製品、自動車など、わたしたちのくらしやまちは便利な物であふれています。

　このような様々な産業の元になる取り組みが始まり、全国各地の工場では多くの製品が製造され、日本がどんどん豊かになった1950年代後半から1960年代、そして1970年代の初めのころは、日本の高度経済成長期といわれています。

　けれどその一方で、一部の工場から有害な排水がそのまま海や川に流れ、汚染された魚や食物を食べた地元の人々の手足がしびれるなどの健康被害が起こり、多くの工場が立ち並ぶ石油コンビナートでは、煙突からの排煙で近隣の人々にぜんそくの重い症状が出るなど、全国各地で様々な問題が起こり始めました。

　このように工場などの事業活動による排水や排煙などで広く環境が悪化し、地域住民の人々の健康に被害がでることを「産業型公害」といいます。特に「水俣病」「イタイイタイ病」「四日市ぜんそく」「新潟水俣病」は四大公害病といわれ、1960年代から1970年代にかけて、被害を受けた方々が原因企業をうったえた裁判が長期化するなど、大変な時期が続きました。健康被害を受けた人の中には、今も療養を続けている人がいることを忘れてはなりません。

　各地で発生した公害に対する社会の関心が高まり、1967（昭和42）年に、ばい煙、汚水、廃棄物等の処理による公害防止に関して、事業者の責務などを定めた「公害対策基本法」が成立。環境基準の設定が始まり、1971（昭和46）年には公害対策を推進する環境庁が創設されるなど、対策は一歩ずつ進み始めました。

　けれどその後、自動車の排気ガスによる光化学スモッグや、廃棄物の不法投棄などが各地で問題になり、わたしたちのくらしが便利になると共に環境被害を起こす、新たな「都市・生活型公害」も増えてきました。

　また、オゾン層の破壊や地球温暖化など、地球規模の環境問題も課題となります。身のまわりの環境や公害の問題に加えて、地球環境問題への対策を推し進めるため、2001（平成13）年に環境庁を環境省として拡大し、1993（平成5）年に成立した「環境基本法」では環境基準を強化すると共に、市民も参加して"連携・協働"で環境課題を解決しようと呼びかけました。"地球規模で考え足元から実践を"といわれ始めたのも、このころです。

　2022（令和4）年に世界人口は80億人を超えました。世界の人々が日本人と同じ生活を送るには、地球2.9個分の自然資源が必要だといわれています。日本の発展の中で起こしてしまった四大公害病と、様々な公害、環境問題の経験と克服の歴史を継承しながら、ひとりひとりが今、明日の一歩をどうふみ出すか、このシリーズ「四大公害病と環境問題」が、考え行動するきっかけになることを願っています。

目次

まえがき　今なお続く四大公害病の経験をふまえて　監修　崎田裕子 …… 2
この本の使い方 …… 4

第1章 公害とは　6

公害の基準 …… 6
公害による紛争 …… 6
典型7公害 …… 8
新しい公害・環境問題 …… 10

第2章 公害の歴史　12
産業型公害から都市・生活型公害へ

公害問題の原点 足尾銅山鉱毒事件 …… 12
足尾銅山鉱毒事件への対策 …… 13
四大公害病の発生 …… 14
四大公害病に対する裁判と対策 …… 16

第3章 水俣病（1953年ごろ～）　18

水俣病の発生した地域 …… 18
原因物質を探す …… 19
メチル水銀が工場の排水に …… 19
水俣病による健康被害 …… 20
裁判にうったえた被害者 …… 21
水俣病への対策 …… 22
水俣病の現在 …… 23

第4章 イタイイタイ病　24
（1911年ごろ～）

イタイイタイ病の発生した地域 …… 24
原因物質をつきとめる …… 25
川を汚染したカドミウム …… 25
イタイイタイ病による健康被害 …… 26
被害者が裁判にうったえる …… 27
イタイイタイ病のための対策 …… 28
イタイイタイ病のこれから …… 29

第5章 四日市ぜんそく　30
（1960年ごろ～）

四日市ぜんそくの発生した地域 …… 30
原因物質「亜硫酸ガス」 …… 31
四日市ぜんそくによる障害 …… 32
裁判で解決を目指す …… 33
四日市ぜんそくへの対策 …… 34
四日市ぜんそくのこれから …… 35

第6章 新潟水俣病　36
（1965年ごろ～）

新潟水俣病の発生地域と原因 …… 36
原因物質はメチル水銀 …… 37
新潟水俣病の症状 …… 38
被害者が裁判にうったえる …… 39
新潟水俣病患者をささえる活動 …… 40
新潟水俣病のこれから …… 41

コラム記事　公害問題から環境問題へ―環境省の取り組み― …… 42
巻末資料　日本の公害・環境関連の年表 …… 44
さくいん …… 46

この本の使い方

このシリーズ「四大公害病と環境問題」は、さまざまな公害問題を通じて現在問題となっている環境問題を見つめなおし、これからどう行動すべきかを考えるために制作しています。

『四大公害病　水俣病・イタイイタイ病・四日市ぜんそく・新潟水俣病』の巻では、公害の原点を見つめなおし、「公害とは何か」や「公害の歴史」などを学びながら、日本が経験してきた四大公害病を紹介し、原因や症状、現状や対策を解説しています。

このシリーズを読んでいただくにあたっての重要なキーワードを紹介します。

①「四大公害病」
……以下の4つの公害病のこと。
水俣病・イタイイタイ病・
四日市ぜんそく・新潟水俣病

②「典型7公害」
……以下の7つの種類の公害のこと。
大気汚染・水質汚濁・土壌汚染・
騒音・振動・地盤沈下・悪臭

現在では、典型7公害にふくまれない公害も発生していますが、これについては『新しい公害と環境問題　交通公害・日照不足・有害物質ほか』の巻でくわしく解説しています。

この本の巻末には、コラムとして「公害問題から環境問題へ―環境省の取り組み―」や巻末資料として「日本の公害・環境関連の年表」を掲載しました。資料として利用してください。

本文中のきまりごと

（→○○ページ）⇒関連記事が載っているページを示す。
（■○○）⇒関連する巻を示す。書名は以下のように省略している。
『四大公害病　水俣病・イタイイタイ病・四日市ぜんそく・新潟水俣病』
　　　　　　　　　　　　　⇒『四大公害病』
『健康被害を引き起こす公害　大気汚染・水質汚濁・土壌汚染』
　　　　　　　　　　　　　⇒『健康被害を引き起こす公害』
『生活環境をそこなう公害　騒音・振動・地盤沈下・悪臭』
　　　　　　　　　　　　　⇒『生活環境をそこなう公害』
『新しい公害と環境問題　交通公害・日照不足・有害物質ほか』
　　　　　　　　　　　　　⇒『新しい公害と環境問題』

※⇒本文中の※印がついている用語は、欄外で意味や引用元などを説明している。

地図で見る公害

1960～1990年代は、公害が全国で発生し、被害を受けた方々や地域の人たちは苦労しながら、公害問題の解決に取り組みました。この地図では、その主な地域を紹介しています。右の表では、それぞれの公害の原因や、関連する巻などを掲載しています。

❸ 大阪国際空港騒音（大阪府・兵庫県）
❹ 西淀川公害（大阪府・兵庫県）
❺ 北九州地区公害（福岡県）
❽ 四日市ぜんそく（三重県）
❼ 倉敷公害（岡山県）
❻ 水俣病（熊本県・鹿児島県）

① 新潟水俣病
（新潟県）

② イタイイタイ病
（富山県）

⑯ 安中公害
（群馬県）

⑭ 川崎製鉄千葉ばい煙
（千葉県）

⑮ 江戸川漁業被害
（東京都・千葉県）

⑬ 牛込柳町鉛中毒
（東京都）

⑫ 杉並光化学スモッグ
（東京都）

⑪ 川崎公害
（神奈川県）

⑩ 田子の浦港ヘドロ公害
（静岡県）

⑨ 名古屋新幹線騒音公害
（愛知県）

番号	名称／都道府県名	典型7公害分類	原因など	関連する巻
①	新潟水俣病／新潟県	水質汚濁	四大公害病のひとつ。工場排水にふくまれるメチル水銀による水質汚濁。	『四大公害病』
②	イタイイタイ病／富山県	水質汚濁	四大公害病のひとつ。鉱山の排水にふくまれるカドミウムによる水質汚濁。	『四大公害病』
③	大阪国際空港騒音／大阪府・兵庫県	騒音	大阪国際空港に離着陸する飛行機の騒音。	『生活環境をそこなう公害』
④	西淀川公害／大阪府・兵庫県	大気汚染	大阪市西淀川区にある工業地帯の工場や道路からの大気汚染。	『健康被害を引き起こす公害』
⑤	北九州地区公害／福岡県	大気汚染 水質汚濁	北九州工業地帯のばい煙による大気汚染、および排水によりヘドロが海底に蓄積。	『健康被害を引き起こす公害』
⑥	水俣病／熊本県・鹿児島県	水質汚濁	四大公害病のひとつ。工場排水にふくまれるメチル水銀による水質汚濁。	『四大公害病』
⑦	倉敷公害／岡山県	大気汚染 水質汚濁	水島コンビナートから排出された亜硫酸ガスなどによる大気汚染、排水による水質汚濁。	『健康被害を引き起こす公害』
⑧	四日市ぜんそく／三重県	大気汚染	四大公害病のひとつ。工業地帯のばい煙にふくまれる亜硫酸ガスによる大気汚染。	『四大公害病』
⑨	名古屋新幹線騒音公害／愛知県	騒音 振動	名古屋市内を通る東海道新幹線による騒音と振動。	『生活環境をそこなう公害』
⑩	田子の浦港ヘドロ公害／静岡県	水質汚濁	製紙工場からの排水により大量のヘドロが海底に蓄積する水質汚濁。	『健康被害を引き起こす公害』
⑪	川崎公害／神奈川県	大気汚染	京浜工業地帯の中心にある川崎市での大気汚染。	『健康被害を引き起こす公害』
⑫	杉並光化学スモッグ／東京都	大気汚染	大気汚染による日本で最初の光化学スモッグ。	『健康被害を引き起こす公害』
⑬	牛込柳町鉛中毒／東京都	大気汚染	自動車の排気ガスによる大気汚染。住民の体内から高い濃度の鉛が検出された。	『健康被害を引き起こす公害』
⑭	川崎製鉄千葉ばい煙／千葉県	大気汚染	川崎製鉄千葉製鉄所からのばい煙による大気汚染。	『健康被害を引き起こす公害』
⑮	江戸川漁業被害／東京都・千葉県	水質汚濁	本州製紙江戸川工場からの汚水による漁業被害。	『健康被害を引き起こす公害』
⑯	安中公害／群馬県	水質汚濁	東邦亜鉛からの排水にふくまれるカドミウムによる水質汚濁。	『健康被害を引き起こす公害』

第1章 公害とは

日本では、急激に産業が発展した高度経済成長期（1955～1973年ごろ）、工場から出る煙や排水などが自然環境を破壊し、人々の健康や生活をおびやかし続けました。このように事業活動などの人の活動によって、住民が健康や生活環境に被害を受けることを「公害」といいます。そして、公害によって引き起こされた病気を「公害病」と呼びます。公害の種類とその被害について見ていきましょう。

公害の基準

日本には、国の環境保全についての基本的な考え方を示した法律「※1 環境基本法」があります。その第2条第3項には、次のような「公害の基準」が書かれています。

◆事業活動その他の人の活動にともなって相当範囲にわたって生じるもの
◆大気汚染、水質汚濁、土壌汚染、騒音、振動、地盤沈下、悪臭などによって人の健康や生活環境、動植物の生育に被害が生じるもの

環境基本法にある「大気汚染」「水質汚濁」「土壌汚染」「騒音」「振動」「地盤沈下」「悪臭」の7種類は、「典型7公害」（→8、9ページ）と呼ばれています。近年は「都市・生活型公害」といわれる新たな公害も発生し、交通公害、廃棄物投棄、有害物質による被害などが問題になっています。

公害による紛争

公害が増加し、大きな社会問題としてとらえられるようになったのは、1960年代以降です。きっかけになったのは「四大公害病」といわれる、水俣病、イタイイタイ病、四日市ぜん

7種類の公害「典型7公害」

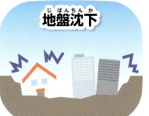

事業活動などの人の活動によって公害が発生すると、人の健康や生活環境に被害が生じる。
出典／「3分でわかる！公害紛争処理制度『公害』とは？」（総務省・公害等調整委員会）

※1 環境基本法：環境の安全を保つための基本的な法律。地球規模の環境問題の高まりをふまえ、1993(平成5)年につくられた。
※2 公害対策基本法：公害防止策の基本となる法律。公害の責任は事業者だけでなく、国や地方自治体にもあると定めた。

昭和30年代半ばのコンビナート。写真提供／四日市市

第1章 公害とは

そく、新潟水俣病です。大気汚染や水質汚濁などによって、四大公害病以外にも、公害病が多発しました。

その後、被害を受けた人々と、公害の発生源とされた企業との間で大規模な争いが起きました。住民運動や裁判が起こり、国や企業などに対する責任が追及され、社会問題として大きな注目を集めました。

そこで、国や県などの地方自治体は、公害防止の基準づくりに努めました。公害に関する法律もつくられます。

1967（昭和42）年に「※2 公害対策基本法」、1970（昭和45）年に「公害紛争処理法」が定められ、公害による争いをすみやかに、適正に解決する制度が確立されます。1993（平成5）年には、「公害対策基本法」を発展させた「環境基本法」が制定され、公害を克服するための、環境保全の基本事項が定められました。しかし、いまだに公害に対する苦情は発生し続けていて、早急な対応が求められています。

全国の公害苦情受付件数の推移

典型7公害と典型7公害以外の苦情受付件数。最も件数の多い2003（平成15）年度は、光化学大気汚染による被害が拡大した。近年、典型7公害では、騒音と大気汚染の苦情が全体の半数以上をしめる。

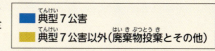

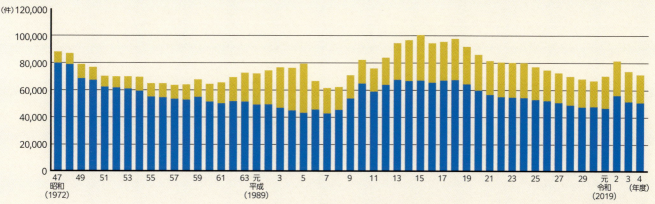

出典：「令和4年度公害苦情調査結果報告書」（総務省・公害等調整委員会事務局）

典型7公害

典型7公害は、大気汚染、水質汚濁、土壌汚染、騒音、振動、地盤沈下、悪臭という7つの公害のことで、環境基本法（➡6ページ）で定められている代表的な公害です。

公害は、人々の健康や暮らしをおびやかすものです。行政や企業が協力し合って、公害の防止や環境保全など、改善に向けた取り組みがなされています。

しかし、被害が続いている公害もあり、いまだに重要な問題であることには変わりありません。

大気汚染 （📖『健康被害を引き起こす公害』6ページ）

工場や自動車などから排出される化学物質や、火山の噴火などによって、大気がよごれてしまうことです。汚染物質には、煙やガスにふくまれる硫黄酸化物や窒素酸化物、粒子状の物質などがあります。※1 酸性雨や※2 光化学スモッグ、※3 PM2.5（微小粒子状物質）、※4 黄砂などの原因になり、人々の健康や自然環境に害をもたらします。

現在の地球の大気汚染は、オゾン層の破壊や温室効果ガスによる地球温暖化とともに、国際的な協力が必要な、大きな課題となっている。

水質汚濁 （📖『健康被害を引き起こす公害』18ページ）

工場排水や農業排水、家庭から出る生活排水、廃棄物投棄などが原因で、川や海などの水がよごれてしまうことです。川の水の変色、飲み水への影響、よごれた水中にすむ生物への被害など、自然環境の悪化につながります。近年、永遠の化学物質といわれるPFAS（有機フッ素化合物）による汚染が見つかり、対策が急がれています。

家庭でも、よごれた生活排水を流さないように気を配ることが、水質汚濁を減らすことにつながる。

土壌汚染 （📖『健康被害を引き起こす公害』30ページ）

土壌に重金属、有機溶剤、農薬などの物質が染みこんで、人の健康に影響をおよぼすことです。農作物や土の中の生物にも影響をあたえます。有害物質が直接土に染みこむほか、川の水や空気などを通して染みこむこともあります。土壌を一度よごしてしまうと、汚染物質を取りのぞくことがむずかしいため、汚染される前にふせぐことが重要です。汚染した場合には汚染土壌の除去や交換などが必要になります。

土壌に染みこんだ汚染物質は、大気中や水中とは異なり、拡散されたり、うすまったりしにくい特徴がある。

※1 酸性雨：大気中で化学反応を起こした硫黄酸化物や窒素酸化物がとけこんだ、酸性度が高い雨。 ※2 光化学スモッグ：窒素酸化物や炭化水素が、強い日光をあびてできる有害物質。 ※3 PM2.5：大気汚染物質の中で、直径が2.5μm（0.0025mm）以下の小さなつぶ状の物質。 ※4 黄砂：中国やモンゴルの砂漠などの砂やちりが強風で巻き上げられ、日本など、周辺の国にふり注ぐ気象現象。黄砂には、有害物質が取りこまれていることがある。

騒音 (📖『生活環境をそこなう公害』6ページ)

多くの人にとって不快で、好ましくないと感じられる音のことです。工場や建設現場、自動車・電車・航空機などから出る音、モーターなどによる低周波音、ペットの鳴き声など、さまざまな音が騒音になります。ある人には好ましい音でも、ほかの人は騒音と感じることもあります。睡眠をさまたげるなど、人の健康や生活に支障が出ることがあります。

タイヤと道路の摩擦音を低減する効果のある舗装をしたり、騒音をさえぎる遮音壁を設けたりして騒音対策をする高速道路。

振動 (📖『生活環境をそこなう公害』16ページ)

人の活動によって、土地や建物などが上下や縦横にゆれることです。工場や建設現場、道路や鉄道の交通などで、大きな機械や、自動車・電車などが動くことで生じます。

ゆれによって不快な思いをする人がいたり、実際に健康や生活に影響が出たりするほか、建物にひびが入るなどの被害が出ることもあります。

ビルの解体作業が原因で周囲の建物がゆれたり、窓ガラスが音をたてたりすることもある。

地盤沈下 (📖『生活環境をそこなう公害』26ページ)

地面が沈んでしまうことです。地下水のくみ上げや、天然ガスなどの地下資源の取り出し、建造物の重さなどが原因で起こります。建物が傾いたり、道路に段差ができたり、地下の水道管やガス管がこわれたりすることもあります。社会や生活をささえている施設や基盤への影響が問題となります。

高度経済成長期(1955〜1973年ごろ)、工業用水に使われた、地下水のくみ上げすぎによる地盤沈下が社会問題になった。

悪臭 (📖『生活環境をそこなう公害』34ページ)

工場の煙や、自動車の排気ガス、ごみなどから発生する、人々が不快と感じるにおいのことです。人の感覚を刺激して、不快感をともなう公害という意味では、騒音や振動と同じです。ある人には好ましいにおいでも、ほかの人には悪臭に感じられることがあります。気分が悪くなってストレスにつながるなど、人の健康への影響が問題となります。

悪臭への苦情は大都市で多く発生していて、「都市・生活型公害」といわれている。

第1章 公害とは

新しい公害・環境問題

人々の暮らしや環境、経済活動の変化にともなって、典型7公害のほかにも、さまざまな問題が発生しています。新しい公害の一部を紹介します。

日照不足 (『新しい公害と環境問題』14ページ)

建物や高架道路、鉄道の高架などによって日光がさえぎられ、周囲の居住環境や動植物の成育に被害が出ることをいいます。

日光が不足することでビタミンD欠乏症になるなど、人の健康に影響が出たり、照明や暖房が必要な時間が増えて光熱費が増加したり、太陽光発電の発電量が低下したりするなどの被害が出ます。建物の高層化や、人口の過密化が進む都市部では特に深刻な問題です。建築基準法で、日照権を守るための規制を設けています。

住宅を選ぶときに日当たりを重視する人も多く、日照問題が裁判に発展する事態になることもある。

光害 (『新しい公害と環境問題』14ページ)

景観や周辺の環境への配慮が不十分で、不適切な照明のために起こるさまざまな影響をいいます。まぶしすぎて、自動車の運転のじゃまになったり、人々の生活、野生生物の生態や、街路樹の成育などに影響が出たりします。また、夜間に屋外の照明が明るすぎると夜空の明るさが増して、星が見えにくくなることがあります。

イルミネーションで明るく華やかな夜の街。景観や交通への影響、周囲の住民への影響などに対する配慮が求められている。

廃棄物投棄 (『新しい公害と環境問題』16ページ)

一般廃棄物（家庭などから出るごみ）や産業廃棄物（産業活動から出るごみ）が、適切に処理されず、定められた場所以外に捨てられることをいいます。廃棄物処理法に違反する行為であり、犯罪になります。廃棄物が定められた場所以外に不法に投棄されると、環境や景観をそこねるほか、土壌汚染や水質汚濁、悪臭など、新たな公害につながることもあります。不法投棄をしない・させない環境づくりが大切です。

悪質な廃棄物不法投棄の現場。環境汚染につながる不法投棄の取りしまりや対策が強化されている。

有害物質 (『新しい公害と環境問題』18～21ページ)
ダイオキシン、アスベストなど

ダイオキシン プラスチックなど、塩素をふくむごみの焼却などで発生する毒性の強い物質。発がん性があるといわれます。水や土の中に入ると、魚や野菜などに蓄積され、それが人の口に入ると危険です。ベトナム戦争でダイオキシンをふくむ枯葉剤が使われたことで、強い毒性があることが広く知られました。現在は、全国の清掃工場でダイオキシンを出さないための対策が進んでいます。

アスベスト「石綿」ともいわれる、細い繊維からなる鉱物。かつては建築材料など、多くの工業製品に使用されていました。空気中に飛散したアスベストを吸いこんでしまうと、肺がんなどを引き起こす可能性があることがわかり、現在は原則として製造・使用が禁止されています。

ダイオキシンは、ごみの焼却による燃焼のほか、たばこの煙や車の排気ガスからも発生する。

アスベストの繊維は非常に細く、直径が人間の髪の毛の5000分の1ほどである。

第1章 公害とは

ハイテク汚染 (『新しい公害と環境問題』22ページ)

半導体を使ったマイクロエレクトロニクスや、バイオテクノロジーなど、先端技術の産業で発生する環境汚染です。※ICの洗浄に使われるトリクロロエチレンやテトラクロロエチレンなどの有機溶剤による、地下水の汚染が問題になっています。アメリカで、大量の有機溶剤がもれ出したことによる土壌・地下水汚染が問題になったことをきっかけに、日本でも発がん性が疑われる有機溶剤の規制が始まりました。

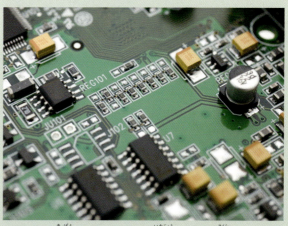
緑色の電子基板の上に乗った黒い板状のものが「IC」。

放射性物質による環境の汚染 (『新しい公害と環境問題』42ページ)

2011（平成23）年3月11日、東日本大震災の地震と津波によって引き起こされた福島第一原子力発電所の事故で、大量の放射性物質が放出されました。周辺の住民が被ばくし、環境が汚染され、多くの住民が長期間、避難生活を強いられるなど、影響が続いています。放射性物質を取りのぞく除染作業が進められ、土壌の再生利用が検討されています。

放射性物質をふくむ汚泥や廃棄物を安全に保管できる場所の確保や処理方法も重大な問題になっている。写真は柏崎刈羽原子力発電所内の放射性廃棄物。
写真提供／朝日新聞

※ IC：1個の基板に組みこんだ超小型の電子回路。

第2章

公害の歴史
産業型公害から都市・生活型公害へ

1960年代の日本では、急激な工業化にともない深刻な公害が多発しました。「公害列島」「公害先進国」などといわれた当時の反省をもとに、公害対策や環境を守る取り組みが進められていますが、現在も、新たな公害や地球規模の環境問題が起こっています。日本の公害の歴史について見てみましょう。

公害問題の原点 足尾銅山鉱毒事件

「足尾銅山鉱毒事件」は、明治時代に発生した日本で初めての公害で、日本の公害問題の原点といわれます。明治時代になって、日本が近代化に力を入れていたころ、工業の発達にともなって発生しました。

足尾銅山は、栃木県西部にある渡良瀬川上流の日光市足尾町にあります。銅は当時の日本の重要な輸出品です。足尾銅山は、国内の銅の約40%を産出する日本一の銅山でした。しかし、製錬所で銅を取り出すときに発生した有害な化学物質が渡良瀬川に流されたため、大量の魚が死んで、田畑が荒れる公害を引き起こしました。

また、製錬所から排出される煙にふくまれる亜硫酸ガスが原因で、山の木々が枯れてしまう被害も起こりました。工場で必要な燃料を確保するため、山の木々を大量に伐採したこともあって、周囲の山は、はげ山になってしまいました。山林が減少すると、川の水源地である山々の水をたくわえる能力が失われ、大規模な洪水がたびたび起こるようになりました。

渡良瀬川流域の田園地帯では、大雨がふると洪水が発生し、汚染された泥が田畑に流れこんで、農作物がかれる被害が続出しました。洪水が起こるたびに、鉱毒被害がますます拡大していったのです。かつての美しい自然が失われ、近隣の住民の苦しみは大きくなっていきました。

操業当時の足尾銅山の製錬所。工場から排出された煙によって、山の木々がかれ、はげ山になっている。

写真提供／毎日新聞

足尾銅山の鉱毒による麦田の被害。
写真提供／佐野市郷土博物館

第❷章 公害の歴史 産業型公害から都市・生活型公害へ

足尾銅山鉱毒事件への対策

　1890年代、銅の生産を行っていた古河鉱業に対して、農民たちが損害賠償や銅山の操業停止を求める運動を起こし、大きな社会問題になりました。この運動の先頭に立ったのが、地元出身の衆議院議員、田中正造でした。田中は国会でこの問題を取り上げ、各地で演説をしました。

　政府は、鉱毒調査会をつくり、古河鉱業に鉱毒予防工事を命令しましたが、被害者側からの操業停止の願いまでは聞き入れなかったため、大きな効果はありませんでした。政府は、問題は治水問題であるとして、谷中村（現在の栃木市）に洪水予防のための遊水池をつくり、谷中村の住民は強制的に立ち退かされました。

　古河鉱業は、足尾銅山の鉱毒が公害の原因だということを認めませんでした。当時は、汚染の原因を科学的に解明する技術がなかったので、銅の生産は続けられ、その後も鉱毒被害が広がり続けました。古河鉱業に公害の原因があると認められたのは、ずいぶん後の1974（昭和49）年になってからのことです。被害が長く続いたことから、この事件は「100年公害」とも呼ばれました。

　足尾銅山は、1973（昭和48）年に銅の採掘を中止して閉山しました。現在は国の史跡に指定され、植林活動が進み、緑が増えつつあります。しかし、公害の影響は今も続いています。2011（平成23）年の東日本大震災で、古河鉱業の跡地がくずれ落ち、渡良瀬川に土砂が流れこみました。すると、川の水から基準値を超える有害物質が検出されたのです。

田中正造(1841-1913)
衆議院議員。足尾銅山鉱毒事件の解決に向けて、農民とともにたたかった。命がけで明治天皇に直訴したことでも有名。
写真提供／佐野市郷土博物館

植林活動が進む現在の足尾銅山。
写真提供／NNP

13

四大公害病の発生

日本では、1955（昭和30）年ごろから産業がさかんになり、生活が豊かになった一方で、人々の生活や健康をおびやかす公害が発生しました。特に被害が大きかったのは、「四大公害病」である水俣病、イタイイタイ病、四日市ぜんそく、新潟水俣病です。当時は鉄鋼業や機械工業などの工場が次々と建てられ、重工業が急速に発展しました。しかし、排水や排気ガスなどの対策が不十分で、環境への配慮が少なかったことが、公害による重大な被害を引き起こします。

水俣病（1953年ごろ〜）

水俣病は、熊本県南西部の水俣湾をふくむ八代海の沿岸で発生した公害病です。熊本県水俣市にあるチッソ水俣工場の排水にふくまれていたメチル水銀が原因で、魚や貝が汚染され、それを食べた人々が病気になりました。脳や神経がおかされ、手足がしびれたり、けいれんが起こったり、目や耳が不自由になったりします。四大公害病のなかで最も多くの死者が出ました（➡18ページ）。

イタイイタイ病（1911年ごろ〜）

イタイイタイ病は、富山県の神通川流域で発生した公害病です。骨がもろくなり、「イタイ、イタイ」と泣きさけんで亡くなっていく患者が多かったため、この名前がつきました。

病気の原因は、鉛や亜鉛を採掘していた三井金属鉱業の工場排水に、カドミウムという有害な金属がふくまれ、神通川に流れこんでいたことです。川の水は農業用や飲料用に使われていたので、米や野菜、飲み水も汚染され、住民の被害を引き起こしました（➡24ページ）。

四日市ぜんそく（1960年ごろ〜）

三重県四日市市の石油化学コンビナート周辺で発生した公害病が、四日市ぜんそくです。当初は塩浜ぜんそくと呼ばれていましたが、国会で四日市ぜんそくと呼ばれてから、この名前が定着しました。

四日市ぜんそくは、気管支などがおかされ、息をするのが苦しくなる呼吸器の病気です。石油化学コンビナートの煙突から排出された亜硫酸ガスによる大気汚染が原因となり、周辺の地域で多くのぜんそく患者が発生しました。（➡30ページ）。

四大公害病

水俣病 熊本県八代海 原因物質：メチル水銀

イタイイタイ病 富山県神通川 原因物質：カドミウム

新潟水俣病 新潟県阿賀野川 原因物質：メチル水銀

四日市ぜんそく 三重県四日市市の大気 原因物質：亜硫酸ガス

1950〜1960年代にかけて、全国各地で、水や空気、土などが汚染され、重大な病気が引き起こされる公害病が発生した。

新潟水俣病（1965年ごろ～）

　新潟水俣病は、新潟県の阿賀野川下流で発生した公害病です。原因は、昭和電工鹿瀬工場の排水にメチル水銀がふくまれていたことです。工場排水は、阿賀野川に流され、メチル水銀が、プランクトン、水生昆虫、魚へと食物連鎖の中で取りこまれ、汚染された魚を人々が食べたこ

とで、病気が発生しました。メチル水銀は、熊本県の水俣病の原因物質でもあり、病気の発生のしかたも症状も似ていました。そのため、第二の水俣病として、同じ「水俣病」の名前がつけられました。熊本で水俣病が公式に確認されてから、9年後のことでした（➡ 36 ページ）。

四大公害病の原因・症状・裁判

	水俣病	イタイイタイ病	四日市ぜんそく	新潟水俣病
発生地域	熊本県水俣市八代海沿岸	富山県神通川流域	三重県四日市市	新潟県阿賀野川流域
原因企業と工場	新日本窒素肥料(現在のチッソ)水俣工場、アセトアルデヒド工場	三井金属鉱業神岡鉱業所	石原産業、中部電力、昭和四日市石油、三菱油化、三菱化成工業、三菱モンサント化成	昭和電工(現在のレゾナック・ホールディングス)鹿瀬工場
原因物質	メチル水銀	カドミウム	亜硫酸ガス	メチル水銀
主な症状	手足のふるえ、感覚障害、聴力障害、神経障害、運動失調、視野狭窄、言語障害	骨軟化症、腎機能障害、骨粗しょう症	気管支炎、気管支ぜんそく、咽喉頭炎などの呼吸器疾患	感覚障害、手足のふるえ、聴力障害、神経障害、運動失調、視野狭窄、平衡機能障害、言語障害
発生	1953(昭和28)年ごろ　1956(昭和31)年に公式に確認	1911(明治44)年ごろ	1961(昭和36)年ごろ	1965(昭和40)年ごろ
裁判提訴	1969(昭和44)年	1968(昭和43)年	1967(昭和42)年	1967(昭和42)年
争点	※1 被告の責任(工場が流した排水が発病に関係あると企業側が認めるか)	イタイイタイ病は工場排水にふくまれていたカドミウムが原因か	被告6社を共同責任者として、原因物質の排出についての責任を追求	工場の排水と新潟水俣病の関係、原因物質排出に対する責任を追及
判決	・1973(昭和48)年3月、患者(※2 原告)側の要求がほぼ通り、全面勝訴となる。・企業(被告)側が注意義務をおこたった「過失責任」と認める。裁判所は、慰謝料や医療費などの支払いを命じた。	・1971(昭和46)年6月、患者(原告)側の要求がほぼ通り、全面勝訴となる。・イタイイタイ病の原因物質はカドミウムで、神通川上流の神岡鉱業所から排出されたと断定。損害賠償金の支払いや汚染土壌の復元などで和解が成立。	・1972(昭和47)年7月、患者(原告)側の全面勝訴。・被告6社が共同で行為の責任を認めた。・住民の健康への影響を調査せずに工場を建て、運転後も注意義務をおこたった過失責任を認める。裁判所は、損害賠償金の支払いを命じた。	・1971(昭和46)年9月、患者(原告)側の全面勝訴。・メチル水銀に汚染された魚を多く食べた人が発病したと認められる。・人の生命・身体の安全確保の注意義務をおこたった企業に賠償金などの支払いを命じた。

※1 被告：うったえられた側　※2 原告：うったえた側

第2章 公害の歴史　産業型公害から都市・生活型公害へ

四大公害病に対する裁判と対策

多くの被害者を出した四大公害病は、1970年代に入ると大きな社会問題となり、世の中の注目を集めるようになりました。企業は公害病の責任を認めようとせず、国による原因究明もなかなか進みません。被害を受けた人たちは公害に対する抗議運動を行い、それぞれ集団となって、公害を発生させた企業に対して裁判を起こしました。各地で起こされた四大公害病の裁判は、すべて被害者側のうったえが認められ、完全勝訴という結果になりました。

その後、国はそれまでおろそかにしていた公害対策に力を入れ、さまざまな法律をつくりました。さらに企業と国や県、市町村が協力して環境保全に取り組むようになりました。

現在は、水俣湾の海や四日市市の空気もきれいになり、美しい自然がよみがえっています。高度経済成長期に見られた、企業の工場などによる公害問題は少なくなりました。

しかし、時代の変化とともに新しい環境問題が起こってきています。持続可能な社会をきずくために、わたしたち一人ひとりが環境について考えなければいけないことを、四大公害病は教えてくれています。

四大公害裁判の結果

1967（昭和42）年に、新潟水俣病の患者3世帯13人が、公害を発生させた昭和電工を相手に損害賠償を求める裁判を起こしました。これが日本で初めての公害裁判です。この裁判をきっかけに、各地で次々と公害裁判が始まります。同年の1967年に、四日市ぜんそくの被害者が、石油コンビナート関連の企業6社（→15ページ）を相手に裁判を起こしました。

1968（昭和43）年、イタイイタイ病の被害者も、公害の原因をつくった三井金属鉱業に対して裁判を起こしました。同年、厚生省（現在の厚生労働省）がイタイイタイ病の原因がカドミウムであることを認めます。こうして国が公害病第一号として認めたことも裁判の追い風となり、1971（昭和46）年6月、公害裁判として初めて、被害者（原告）が勝利しました。そして、1971年9月、新潟水俣病の裁判にも勝訴の判決が下ります。

1972（昭和47）年には、四日市ぜんそくの被害者に勝訴の判決が出ました。責任は企業だけのものとされずに、国や県、市にも公害をふせぐための努力を求める画期的な判決でした。

水俣病の裁判は、1969（昭和44）年に始まり、1973（昭和48）年に被害者側が勝利しました。しかし、国から認定されていない多くの患者が救済を求めて裁判を続けます。1995（平成7）年にようやく政府が解決策を示し、患者の団体はその解決策の受け入れを決めました。

被害者の救済

裁判が終わり、企業や国の責任が明らかにされると、被害者の救済や公害対策はさらに進みました。しかし、現在も被害者の苦しみは続いています。問題は終わっていないことを忘れてはいけません。

熊本地裁での水俣病裁判の判決で原告患者側が勝訴した当日、チッソ水俣工場前で開かれた「水俣病判決現地総決起集会」
写真提供／毎日新聞

公害健康被害補償制度の指定地域と病名

（📖『健康被害を引き起こす公害』42ページ）

公害健康被害補償制度は、「公害健康被害の補償等に関する法律（公害健康被害補償法）」にもとづいて、1974年に始まった補償制度。公害による健康被害を受けた人に対して、医療費などの補償を行う。費用は、汚染原因を出した工場施設などを設置した者が負担する。

- 🔴 は「旧第一種地域」の地域名
- 🟦 は「第二種地域」の病名

🔴**旧第一種地域**：大気汚染の影響によって、気管支ぜんそくなどの病気が多発している地域。1978年には、四日市市、東京19区などの41地域が指定されていたが、1988（昭和63）年の法改正によってすべて解除された。

🟦**第二種地域**：水俣病、イタイイタイ病などの原因物質との関係が明らかな病気が多発している地域。

第2章　公害の歴史　産業型公害から都市・生活型公害へ

被害者を救うための法律など

四大公害病の発生をきっかけに、公害に関する法律が、下の表のように次々とつくられました。

年	法律名など
1967（昭和42）年	公害対策基本法が制定される。
1968（昭和43）年	大気汚染防止法が制定される。
1970（昭和45）年	公害関連14法案が可決される（公害対策基本法の改正や、水質汚濁防止法など、多くの法律が成立）。
1971（昭和46）年	環境庁（公害対策などを目的とした環境問題を担当する省庁）が発足する。
1973（昭和48）年	公害健康被害補償法が制定される。
1993（平成5）年	環境基本法が制定される（公害対策基本法に代わって制定。国内の公害問題をはじめ、地球温暖化などの地球規模の環境問題にも対応している）。

新しい公害・環境問題の登場

1970年代以降、人々の生活が原因で発生する「都市・生活型公害」が問題になりました。廃棄物問題、合成洗剤による水質汚濁、鉄道や空港の騒音・振動、自動車の排気ガスなどが原因の光化学スモッグ、建物の高層化にともなう日照不足など、新しい公害が登場しました。

さらに1990年代になると、世界で取り組まなければならない、地球規模の環境破壊が注目されるようになります。地球温暖化、海洋ごみなどの海洋汚染の問題、森林破壊や野生生物種の減少など、深刻な問題がたくさんあります。こうした問題がなぜ起こっているのか、わたしたちにできることは何か、考えてみましょう（📖『新しい公害と環境問題』36ページ）。

第3章

水俣病 (1953年ごろ～)

水俣病は、1950年代から熊本県水俣市を中心に発生した公害病です。八代海沿岸でとれた魚介類をたくさん食べていた人たちに手足のまひなどの神経障害が起こるようになり、中には亡くなった人もいました。原因を見つけるまでに時間がかかり、その間も工場から有害物質のメチル水銀が海や川に流され続け、被害が大きくなりました。水俣病には治療法がなく、現在も病気で苦しんでいる患者がたくさんいます。

水俣病の発生した地域

熊本県の水俣湾周辺と八代海(不知火海)は、昔から魚がたくさんとれる豊かな漁場でした。ところが、1950年代前半になると、水俣湾で魚が海面に浮いていたり、貝が死んだりするようになり、海藻も育たなくなりました。しかし、その原因はなかなかわかりませんでした。

そのうち、手足がしびれる、まっすぐに立てない、耳が聞こえにくいといった症状をうったえる人たちが現れました。病院では原因がわからず、患者が隔離されたり、患者の自宅が消毒されたりしました。そのため、感染する病気だと思われることもありました。また、奇病などとうわさされるようにもなりました。

水俣病発生地域

1956(昭和31)年に初めて「原因不明の病気が発生している」と保健所に報告され、年末には、52人の患者が確認されました。この病気は水俣の地名をつけて、「水俣病」と呼ばれるようになりました。

熊本県水俣市にある1954(昭和29)年ごろのチッソ株式会社(当時は新日本窒素肥料株式会社)の水俣工場。熊本大学医学部が、水俣病の原因究明のために調査を行っていた一方で、メチル水銀による汚染と被害の拡大が進んでいた。
写真提供／西日本新聞

原因物質を探す

病気の原因の調査が始まると、魚を食べていたネコや鳥などの動物がおかしな行動をとるようになり、時には命を落とすこともあるとわかってきて、水俣病と水俣湾の魚介類との関係性が考えられるようになりました。

水俣市では、1908（明治41）年に日本窒素肥料株式会社（のちのチッソ株式会社）の化学工場がつくられ、周辺の町は人口が増えて発展してきました。工場では、1932（昭和7）年からビニールなどの原料になるアセトアルデヒドの生産をしていました。1950年代以降は、日本の高度経済成長期をささえる企業のひとつとして、いろいろな化学製品を製造し、地域の経済をうるおしてきました。

一方、熊本県や奇病対策推進委員会の依頼を受けて調査を始めた熊本大学医学部は、1956（昭和31）年11月に、「水俣病は、何かの重金属で汚染された魚介類を食べたことが原因の中毒だろう」という報告を出します。水俣病と水俣湾や水俣川の河口に流されている工場排水との関係が疑われるようになりました。

メチル水銀が工場の排水に

1963（昭和38）年、チッソ株式会社（当時は新日本窒素肥料株式会社）の工場の排水口近くの海底の土や、水俣湾の魚介類から見つかった高い濃度のメチル水銀の化合物が、水俣病患者の体からも見つかります。そこで、水俣病の原因は、水俣湾の魚介類を食べたことによるメチル水銀中毒だとわかりました。

メチル水銀は、工場でアセトアルデヒドという物質を製造するときに発生する物質で、強い毒性をもっています。当時は廃棄物や排水の処理についての規制が整っていなかったため、排水にふくまれるメチル水銀がそのまま水俣湾や水俣川の河口に流され、海を汚染していたのです。原因が特定されるまで、長い間工場が排水を続けていたため、水俣病患者は増え続けました。

第3章 水俣病（1953年ごろ〜）

食物連鎖によるメチル水銀の経路

人間をふくむさまざまな生物は、食べる・食べられる関係でつながっている。これを「食物連鎖」という。海の中では、メチル水銀をふくんだプランクトンを小魚が食べ、さらに小魚を大きな魚が食べる。汚染された魚を人間が食べることで、人間の体内にメチル水銀が取りこまれる。

水俣病の原因物質である、メチル水銀の塩化物
写真提供：環境省水俣病情報センター

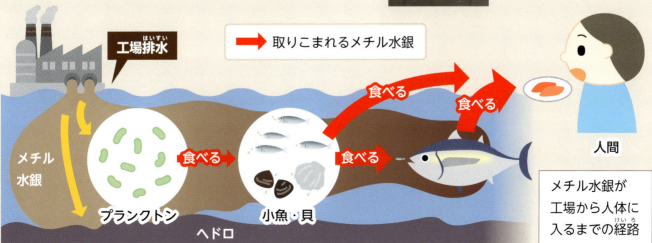

メチル水銀が工場から人体に入るまでの経路

19

水俣病による健康被害

　メチル水銀が人体に入ると、さまざまな臓器に多く取りこまれます。少しずつ尿や便とともに体から出ていきますが、長期間、大量に摂取すると、脳の神経系統に障害をおよぼします。
　症状の種類や重さは、年齢や取りこんだ時期によってもちがいます。成人の場合、中毒になると、手足がしびれる、転びやすい、筋肉がけいれんを起こす、言葉がはっきりしない、聞き取りにくい、目で見える範囲がせまくなるなどの症状が現れます。
　早い段階で水俣病の症状が出たのは、魚介類をよく食べていた人たちでした。中には、強いけいれんを起こしたり、意識不明になったりして、亡くなった人たちもいました。小さな子どもたちも、さまざまな被害を受けています。
　また、水俣病にかかって生まれてきた赤ちゃん（胎児性水俣病患者）も現れました。妊娠中の母親の胎盤からメチル水銀が取りこまれたこ

水俣病の主な症状

●手足がしびれる。
●さわられた感じや痛みを感じにくい。

●転びやすい。
●まっすぐ歩きにくい。
●衣服の着脱など、日常の動作が思うようにできない。

●音を識別しにくい。
●相手のいうことが聞き取りにくい。
●耳鳴りがする。

●まっすぐ前を見たときに周辺が見えにくい。

資料／熊本県

とで、生まれたあとに脳性麻痺や知能障害になるなどの被害が出ています。
　メチル水銀によって、脳や神経の細胞が一度破壊されてしまうと、元にもどすことはできません。水俣病は治らない病気です。患者たちは、病気にかかってから、痛みをおさえる薬を飲んだり、はり・きゅうを受けるなど、一時的に症状をおさえる治療法を受け続けています。

アメリカの写真家、ユージン・スミス（1918〜1978年）が撮影。スミス氏は長期滞在しながら、被害者を撮影した写真を発表し続けた。この写真は重症の胎児性水俣病患者の一人、上村智子さん。急性肺炎のために1977年12月5日夜、水俣市立病院で亡くなった。21歳6か月の命だった。
写真提供／朝日新聞

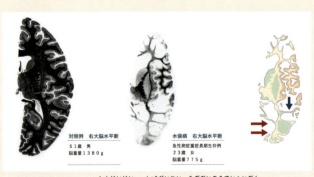

メチル水銀による神経系の傷害例（右大脳水平断）
左の脳は健康な人の脳。中央の脳は重症のまま長期間保存した患者の脳。右の図はその模式図で、全体に縮んでしまっているのがわかる。視力の中枢（➡印）と、聴力の中枢（⬇印）の部分は、水俣病患者に共通してみられる傷害部位。
写真提供／環境省水俣病情報センター

裁判にうったえた被害者

1959(昭和34)年、チッソ株式会社（当時は新日本窒素肥料株式会社）は、見舞金を支払う契約を水俣病患者と結びました。当時、企業側は水俣病の原因をつくった責任を認めていませんでした。そして、「将来、水俣病が工場排水によるものだとわかった場合でも、新たな賠償金の要求は一切行わない」と、水俣病患者に約束させたのです。このことは社会で強い批判をあび、のちの裁判で無効とされます。

1969(昭和44)年6月、水俣病患者28世帯112人が、チッソ株式会社に慰謝料を求める裁判を起こしました。1973(昭和48)年3月、裁判所は患者側のうったえを認めます。「チッソ株式会社は化学工場としての注意義務をおこたった」と企業責任を指摘し、患者に対して慰謝料や医療費、年金などの支払いを命じました。

水俣病は、いくつかの症状の組み合わせで判断され、認定されます。症状が一つでは認定されないなど、認定基準がきびしすぎるといわれてきました。そのために認定が受けられず、国や県、企業側と直接交渉をしたり、裁判を起こしたりして、水俣病の認定や補償を求める人たちも現れました。

水俣病患者の発生分布図
2023(令和5)年12月末現在

熊本県 1,791名
鹿児島県 493名

○の大きさは人数の多い少ないを表します。　出典／熊本県

第3章 水俣病（1953年ごろ〜）

1973(昭和48)年、水俣病裁判の判決がいいわたされた熊本地方裁判所の法廷。正面中央が齋藤次郎裁判長、中央の向かって左にいる人たちは原告側の患者、右側がチッソ株式会社。　写真提供／朝日新聞

1973年3月20日に出た水俣病裁判の第1次訴訟判決について、「水俣病、チッソに全面責任」と伝える新聞。　写真提供／毎日新聞

水俣病への対策

熊本県では、水俣病の健康被害や環境汚染に対して次の対策を講じてきました。

①水俣病の認定と水俣病総合対策医療事業の実施

「生きているうちに救済してほしい」という患者たちの声を受けて、1995（平成7）年に政府の解決策がまとまりました。

水俣病と認定されていなくても、発生当時に水俣湾の魚を食べていて、水俣病に見られる両手両足の感覚がにぶくなる症状がある人には、「水俣病被害者の救済及び水俣病問題の解決に関する特別措置法」にもとづく救済の申請を受けつけることにしました。

熊本県では、申請をした約43,000人のうち、約37,600人が救済の対象となり、チッソ株式会社から一時金が支払われ、熊本県から医療事業として医療費が支給されるようになりました。

②汚染された魚への対応

チッソ株式会社水俣工場は1966（昭和41）年に排水のしかたを改良し、1968（昭和43）年には、チッソ株式会社をふくめ、全国の工場が水銀を触媒にしたアセトアルデヒドの生産を停止しました。

仕切り網が設置された水俣湾口のようす。
写真提供／熊本日日新聞社

しかし、水俣湾の海底には、メチル水銀をふくんだ大量のヘドロがたまっていました。熊本県は、水俣湾内から汚染された魚が出ていかないように1974（昭和49）年から水俣湾口に仕切り網を設置し、魚の処分を続けました。漁業ができない漁業協同組合関係者への補償も1990（平成2）年まで行いました。

③水俣湾の環境の復元

熊本県では、高濃度のメチル水銀をふくむ水俣湾のヘドロに対して、安全性を高めた方法で埋め立ての工事を行いました。埋立地は面積58.2haで、東京ドーム約12.5個分の広さがあります。現在は環境と健康をテーマにした公園「エコパーク水俣」になっています。

1997（平成9）年、熊本県が水俣湾の魚介類は安全だと宣言します。水俣湾口に設置されていた仕切り網がはずされ、漁業が再開されました。

水俣湾の埋め立て。左は埋立工事を行う前の水俣湾で、右は完成した埋立地。
写真提供／水俣市立水俣病資料館

水俣病に関する年表

出典／水俣病年表 熊本県

年	内容
1956年(昭和31)	新日本窒素肥料株式会社附属病院より水俣保健所に奇病発生の報告(5月1日水俣病公式確認日)。
1959年(昭和34)	熊本大学研究班が「有機水銀が原因ではないか」と発表。
1965年(昭和40)	新潟県阿賀野川流域で水俣病が発生。
1968年(昭和43)	●チッソ株式会社がアセトアルデヒドの製造を中止。 ●政府は「水俣病の原因はチッソ株式会社の工場排水にふくまれるメチル水銀である」と発表。
1969年(昭和44)	●患者らがチッソ株式会社を相手に損害賠償請求訴訟を起こす。 ●公害の健康被害の救済に関する特別措置法の公布。
1973年(昭和48)	●患者団体とチッソ株式会社との間で補償協定が結ばれる。 ●公害健康被害補償法の公布。
1974年(昭和49)	水俣湾に仕切り網を設置。
1977年(昭和52)	水俣湾を埋め立てる工事の開始。1990(平成2)年に終了。
1992年(平成4)	●熊本県・鹿児島県が水俣病総合対策医療事業を開始。 ●水俣市が水俣病犠牲者慰霊式を開催(その後も毎年行う)。
1993年(平成5)	水俣市立水俣病資料館・熊本県環境センターの開館。
1995年(平成7)	患者5団体が、政府による水俣病問題の解決策を受け入れる。
1997年(平成9)	熊本県が「水俣湾の安全宣言」を行い、仕切り網をすべて撤去。
1998年(平成10)	水俣市総合もやい直しセンターの開館。
2002年(平成14)	熊本県による「こどもエコセミナー」が開始。2011(平成23)年4月より「水俣に学ぶ肥後っ子教室」へ事業継承)。
2004年(平成16)	最高裁判所において、水俣病の被害拡大をふせぐことができなかったことについて、国と熊本県の責任が確定。
2005年(平成17)	●環境省が、総合対策医療事業を充実させた「今後の水俣病対策について」を発表。 ●被害住民がチッソ株式会社、国、県を相手に国家賠償などを請求するノーモア・ミナマタ国賠等訴訟を起こす。
2009年(平成21)	水俣病被害者の救済及び水俣病問題の解決に関する特別措置法が成立(7月8日)。
2010年(平成22)	●3月、熊本地方裁判所で、ノーモア・ミナマタ国賠等訴訟の和解へ基本合意。 ●政府が水俣病被害者救済措置の方針を閣議決定(4月16日)。 ●熊本県などが水俣病被害者の救済申請の受付開始(5月1日～)。
2011年(平成23)	●ノーモア・ミナマタ国賠等訴訟のほか2件の国賠訴訟の和解が成立(3月)。 ●患者3団体がチッソ株式会社と紛争終結の協定を結ぶ。
2012年(平成24)	水俣病被害者の救済申しこみ期限(7月31日)まで。熊本県では期間中に約43,000の申しこみがあり、約37,600人が救済対象となった。
2013年(平成25)	●最高裁判所において、水俣病の認定には総合的な検討が重要であるとの判断が示される(4月)。 ●住民がチッソ株式会社、国、県を相手に国家賠償等の請求訴訟(ノーモア・ミナマタ第2次訴訟)を起こす。 ●水銀に関する水俣条約外交会議が開催され、「水銀に関する水俣条約」を採択。 ●「水銀フリー熊本宣言」を行う(10月)。
2017年(平成29)	「水銀に関する水俣条約」の発効(8月)。2024(令和6)年末現在で締約国数148か国。

第3章 水俣病(1953年ごろ～)

水俣病の現在

水俣病が発生したとき、感染する病気と疑われて、患者や家族は周囲から差別やいじめを受けました。町では、被害者と、チッソ株式会社ではたらく人たちとの対立も生まれました。水俣市では、こわれた人間関係を修復するために、「もやい直し」を進めています。「もやい」とは、舟と舟をつなぎとめたり、共同で物事を行ったりすることです。もやい直しセンター「きずなの里」は、市民が交流する場となっています。

埋立地の近くにつくられた、まなびの丘には、水俣市立水俣病資料館、熊本県環境センター、水俣病情報センターが設立されました。水俣病資料館では、患者やその家族が来館者に水俣病の歴史や体験を語ってくれます。

水俣市は水俣病の経験を生かし、水銀やその加工物の排出や放出による健康被害や環境汚染をふせぐ取り組みを積極的に行っています。また、ごみの分別を徹底したり、市民と温暖化対策に取り組んだりするなどの環境改善につとめ、その実績がみとめられて、2008年に環境モデル都市の認定を受けました。

水俣病犠牲者慰霊式が行われる水俣病慰霊の碑。

第4章
イタイイタイ病（1911年ごろ～）

　イタイイタイ病は、富山県の神通川流域で発生した公害病です。鉱山の排水にふくまれていたカドミウムという有害物質が原因でした。骨がもろくなって、全身がはげしく痛む病気で、多くの人が亡くなりました。住民たちは立ち上がり、裁判を起こしました。裁判は被害者側が勝利し、被害者救済と公害対策が始まりました。

イタイイタイ病の発生した地域

　富山平野の中央部を流れる神通川は、昔から「神さまが通る川」といわれている美しい川です。その流域は、豊かな米どころとして知られていました。川の水は、農業用水として使用されるとともに、炊事や洗濯、飲み水などの生活用水としても使われていました。また、神通川には、サケやマス、アユなどの多くの魚が生息していて、漁業がさかんでした。川で魚を釣って食べる人もいました。

　人々の生活に欠かすことのできない神通川に異変が起きたのは、明治時代の終わりごろです。川の水が白くにごったり、魚が浮いて流れてきたりするなど、不思議なことが起こりはじめました。

「イタイイタイ病」の名前の由来

　イタイイタイ病の名前が広く知られるようになったのは、1955（昭和30）年の新聞報道からです。「イタイ、イタイ」と泣きさけんで亡くなっていく人が多くいたことから、名付けられました。

神通川に排水する亜鉛工場。1970年11月。
写真提供／毎日新聞

神通川は、岐阜県飛騨地方の川上岳に水源があり、富山平野を流れて富山湾に注ぐ。長さは約120kmで、流域面積は約2720km²。流域面積は富山県内を流れる河川で最大である。

原因物質をつきとめる

大正時代に入り、神通川の中下流域で、体中がはげしく痛む病気が流行しはじめました。患者の多くは農家の35～50歳ぐらいの女性でした。原因がわからず、風土病（特定の地域だけの病気）といわれたり、業病（悪い行いの報いとしてかかる病気）だと悪いうわさが広がったりしました。

地元の医師が、患者の家がある場所の分布を調査するなどの研究が重ねられ、1961（昭和36）年、神通川上流の神岡鉱山（三井金属鉱業神岡鉱山亜鉛製錬所）から流れ出たカドミウムという物質が原因であることをつきとめました。1968（昭和43）年、厚生省（現在の厚生労働省）も調査をおこない、イタイイタイ病が、神岡鉱山から排出されたカドミウムが原因の公害病であることを認めました。

神岡鉱山は、亜鉛や鉛が産出される日本でも数少ない鉱山の一つでした。第一次世界大戦で武器の製造がさかんになると、亜鉛の需要が高まり、年間数百万トンもの鉱石がほり出されました。鉱石には、亜鉛だけでなくカドミウムもふくまれていました。

©AVirtualMuseum（Jumk.deWebprojects）.(images-of-elements.com)

原因となったカドミウムは、亜鉛などの鉱石にふくまれている。元素記号は「Cd」で、性質は亜鉛に似ているが、毒性が高い。

第4章 イタイイタイ病（1911年ごろ～）

川を汚染したカドミウム

カドミウムは、もともと自然界にある金属で、亜鉛などの鉱石や土の中にふくまれています。神岡鉱山では、鉱石を粉末にして亜鉛を取り出すときに、副産物として出てきたカドミウムをそのまま捨てていたため、川の水が汚染され、公害病が発生しました。

カドミウムはやわらかく、さびにくい特長があり、現在はくり返し充電して使えるニカド電池や、絵の具（カドミウムイエローなど）の原料、自動車のメッキ材料、コンピュータ部品の半導体などに使われています。

イタイイタイ病をきっかけに人体に有害であることが知られてからは、法律で使用についての細かい基準が決められています。

カドミウムが工場から人体に入る経路

1 神岡鉱山が川や海にカドミウムを流す

2 汚染された水を野菜や米が吸収する

3 人間がその野菜や米を食べる

カドミウムで汚染された水で育った農作物は、カドミウムに汚染されている。農作物には、カドミウムを吸収する性質があり、神通川流域の住民が食べていた米には、カドミウムが多くふくまれていた。米などの食べ物を通して、カドミウムが人体に入ると、重大な健康被害が引き起こされる。

イタイイタイ病による健康被害

イタイイタイ病の症状は、腰や肩、ひざなどの痛みから始まります。病気が進むと、骨がもろくなって、わずかな動作で骨折をくり返すようになり、全身をたくさんの針で刺されるようなはげしい痛みにおそわれます。一人では動けずに寝たきりになっても、意識は正常なままで「イタイ、イタイ」と苦しみ、食事も取れずに衰弱しきって亡くなっていく患者が多くいました。

イタイイタイ病は、カドミウムの慢性中毒によって発生します。カドミウムが人体に入ると、腎臓の働きをさまたげます。そして、骨をつくるために必要なカルシウムやリン酸などがとけ出して、強い骨をつくれなくなってしまいます。また、骨密度が低くなって、骨にすきまがたくさんできる骨粗しょう症や、骨がやわらかくなる骨軟化症になり、簡単に骨が折れてしまうようになります。

患者には、出産経験のある女性が多くいました。これは、妊娠や出産、授乳などでカルシウム不足になっていたことが、病気を進行させた原因の一つであったからと考えられています。

イタイイタイ病の症状　出典／富山県

重症の患者には次のような症状が現れました。

- 腰・肩・ひざににぶい痛みが出る。
- 太ももや、上腕部に神経痛のような痛みが出て、アヒルのようにしりをふって歩くようになる。
- 杖にたよっても歩けなくなり、つまずいたり転んだりするだけで簡単に骨折する。
- 寝たきりになって、寝返りを打ったり笑ったりするだけでも骨折する。引きさかれるようなはげしい痛みにおそわれる。
- 意識は正常のまま、痛みをうったえながら、衰弱しきって死にいたる。

イタイイタイ病の治療には、ビタミンDが使われます。しかし、一度悪くなってしまった腎臓を完全に治すことはできません。

2024（令和6）年現在までに、201人がイタイイタイ病に認定され、345人がこの病気になる可能性があるために観察が必要な人に認定されています。イタイイタイ病の前段階といわれる、腎機能障害で苦しむ人も多くいました。

◀針で刺されるような痛みに苦しむ患者。
写真提供／富山県

▶1955（昭和30）年、イタイイタイ病のことが初めて新聞に取り上げられ、多くの人に知られるようになった。
写真提供／1955年8月4日付富山新聞

被害者が裁判にうったえる

　1966（昭和41）年、被害住民たちが団結して、イタイイタイ病対策協議会を結成し、三井金属鉱業に対して補償を求めようと立ち上がりました。しかし、会社側は責任を認めず、おこった住民たちは1968（昭和43）年、三井金属鉱業に対して裁判を起こしました。

　同年、厚生省（現在の厚生労働省）がイタイイタイ病を公害病だと認めたこともあり、1971（昭和46）年に公害裁判として初めて被害住民側が勝利します。裁判所は、企業が排出したカドミウムとイタイイタイ病の関係を認め、損害賠償金の支払いを命じました。その後の控訴審も完全勝利でした。裁判には506人の住民が原告として参加し、弁護団には全国から集まった300人をこえる弁護士が名をつらね、四大公害病の裁判では最大規模になりました。

　裁判が終わった翌日、三井金属鉱業は被害住民と話し合い、「患者に対する損害賠償」「汚染された土壌の復元」「公害防止」の3つの約束を交わしました。ようやく被害者救済と、農地の土壌復元、住民も参加する公害防止対策が始まりました。

イタイイタイ病の患者発生地域（●印のところ）
出典／富山県『甦った豊かな水と大地イタイイタイ病に学ぶ』より

　住民の要望を受けた富山県は、神通川の水を使わずにすむように上水道の整備を進めました。三井金属鉱業は、200億円以上の費用をかけ、排水設備の改善などの公害防止対策に取り組みました。

　2013（平成25）年には、三井金属鉱業と神通川流域カドミウム被害団体連絡協議会の間で「神通川流域カドミウム問題の全面解決に関する合意書」が調印されました。イタイイタイ病と認められていないものの、腎機能が低下するカドミウム腎症を発症した患者に対しても補償が決まり、一時金が支払われることになりました。

第4章　イタイイタイ病（1911年ごろ～）

富山地方裁判所の法廷で行われたイタイイタイ病裁判。
写真提供／林春希氏撮影　富山県立イタイイタイ病資料館

イタイイタイ病の控訴審判決で全面勝利し、「勝利」のデモ行進をする原告側。
写真提供／毎日新聞

27

イタイイタイ病のための対策

広大な農地復元への取り組み

カドミウムに汚染されてしまった土地は、約1,680haもありました。小学校の運動場の200mトラックが約6,600個分ある広さです。カドミウムに汚染された土地でイネなどの農作物を育てると、カドミウムをふくんだ農作物ができてしまいます。

そのため、富山県は、カドミウムで汚染された土を取りのぞき、安全な土に入れかえ、もう一度米づくりができるようなきれいな土地にもどすための復元工事に取り組みました。まず、実験のための田んぼを10か所用意して、6年間かけて復元の方法を検討し、きれいな農地に再生させる方法を決めました。

1979（昭和54）年に始まった復元工事は、2012（平成24）年にようやく完了しました。400億円を超える費用をかけた、大規模な農地復元工事は、全国で初めての取り組みでした。

2つの方法で工事

農地の復元工事は、それぞれの土地に合わせて2つの方法で行われました。1つは「埋込客土工法」という方法です。まず、カドミウムで汚染された土をけずり取ります（図❶）。けずり取った土は、きれいな土をほり出してつくったみぞに埋めこみます（図❷❸）。耕盤土という小石をふくんだ土を乗せて平らにします（図❹）。その上にきれいな耕作用の粘質土を乗せて仕上げます（図❺）。

もう1つは「上乗せ客土工法」という方法で、汚染された土の上に、直接耕盤土を乗せ、その上にきれいな耕作用の粘質土を乗せて平らにして仕上げます。

復元作業完了後はイネの生育調査が続けられました。そして、ついに安全性が確認され、豊かな農地がよみがえりました。

かつて鉱山の工場から排出された煙によって山の木が枯れ、荒れたままになっていた山の斜面に、木や草を植える植林活動が行われている。植樹面積は約75haにおよび、現在は多くの緑が復活しつつある。写真提供／富山県立イタイイタイ病資料館

土壌改良工事のようす。工事は30年以上続いた。
写真提供／毎日新聞

埋込客土工法

上乗せ客土工法

全国初といわれる広大な農地復元工事は、2つの方法で行われた。

出典／富山県

イタイイタイ病のこれから

裁判後、住民たちと、原因をつくった会社との間で「公害防止」の約束が結ばれ、1972（昭和47）年から住民や専門家たちによる、神岡鉱山や工場への立入調査が始まりました。二度とイタイイタイ病を起こさないために、汚水がどのように流されたか、汚染された水が新たに流れ出る可能性はないか、徹底的に調査しています。

現在も毎年1回、住民がさまざまなコースに分かれて調査に参加する「全体立入調査」が行われています。また、年に6、7回、専門的な知識を持つ科学者や弁護士が加わって、くわしい調査をする「専門立入調査」も実施されています。

なお、神岡鉱山は、2001（平成13）年に鉱石の採掘を中止し、三井金属鉱業では現在、輸入した鉱石や車の廃バッテリーを原料にした製品づくりをしています。その工程についても、神通川を汚染しないように、しっかりと調査をしています。

長年ねばり強い調査が続けられ、改善が重ねられたことで、神通川のカドミウムの濃度は国の決めた基準を大きく下回りました。自然レベルの数値に回復し、神通川にふたたび安全で美しい流れがよみがえりました。被害を受けた住民と、原因をつくった企業、富山県が力を合わせて、豊かな大地や美しい水を取りもどしてきた歴史は、世界にも大きな教訓をあたえました。

2024（令和6）年8月、イタイイタイ病の認定患者だった最後の生存者が亡くなりました。しかし、問題が終わったわけではありません。将来発症するおそれのある要観察者や、現在も腎機能障害に苦しんでいる人がまだいます。復元された土地で、地下水の影響による地盤沈下が起こるなどの課題も残されています。

第4章 イタイイタイ病（1911年ごろ～）

イタイイタイ病年表

資料／（一財）神通川流域カドミウム被害団体連絡協議会

年	月	内容
1955（昭和30）年	8月	「イタイイタイ病」の病名が初めて新聞（富山新聞）に掲載される。
1961（昭和36）年	6月	萩野昇医師らが、札幌の日本整形外科学会でカドミウム鉱毒説を発表する。
1963（昭和38）年	6月	厚生省・文部省にイタイイタイ病研究班を発足させる。
1966（昭和41）年	11月	イタイイタイ病対策協議会が発足する。
1967（昭和42）年	12月	富山県にイタイイタイ病認定審査協議会が発足する。患者73名が認定される。
1968（昭和43）年	1月	富山県イタイイタイ病対策会議を結成する。イタイイタイ病訴訟弁護団が結成される。
1968（昭和43）年	3月	イタイイタイ病患者と遺族が損害賠償を富山地方裁判所に提訴する（原告14名）。
1968（昭和43）年	5月	イタイイタイ病について、厚生省は「上流の神岡鉱業所の企業活動により排出されるカドミウムによる慢性中毒によるもの」と発表する。公害病1号が認定される。
1971（昭和46）年	5月	土壌汚染防止法などの公害立法が施行される。
1971（昭和46）年	6月	富山地方裁判所でイタイイタイ病訴訟第一審の勝訴判決が出る。日本の公害裁判で初の勝訴判決。
1972（昭和47）年	8月	第1次訴訟完全勝訴判決（名古屋高裁金沢支部）。三井金属本社（東京）にて三つの協定書「患者に対する損害賠償の誓約書」「汚染土壌の復元の誓約書」「公害防止協定書」が交わされる。
1972（昭和47）年	11月	神通川流域カドミウム被害団体連絡協議会が結成される。
1974（昭和49）年	9月	公害健康被害補償法が施行される。
1976（昭和51）年	6月	第1回全国公害被害者総行動デーが開催される。
1979（昭和54）年	4月	環境省委託の住民健康影響調査が始まる。土壌汚染対策地域第1次地区の復元事業を開始する。
2001（平成13）年	6月	神岡鉱山で亜鉛、鉛鉱石の採掘を中止する。
2012（平成24）年	3月	汚染土壌の復元事業が完了する。
2013（平成25）年	12月	三井金属鉱業と被害者側で「全面解決」の合意書作成。
2015（平成27）年	7月	新たに2人が認定され、認定患者は200人になる。

2008年6月28日に、富山市婦中町板倉で行われた速星地区のカドミウム汚染田復元工事の完了を祝う記念碑の除幕式。
写真提供／江田将宏撮影 毎日新聞

「富山県立イタイイタイ病資料館」では、イタイイタイ病の被害を語りつぐ語り部によるおはなし会や、学習会などが開催されています。そこでは、公害病を出さないために、わたしたち一人ひとりが何をすべきかを考えさせてくれます。

第5章 四日市ぜんそく（1960年ごろ～）

三重県北部にある四日市市は、明治時代から製紙業や紡績業などの軽工業がさかんな地域でした。高度経済成長期の1960年代、四日市市の臨海部では、当時の日本で最大の石油化学コンビナートが本格的に稼働し、重工業が発展していきました。コンビナートとは、さまざまな会社や工場が集中した工業地帯です。コンビナートの周辺では、せきや気管支ぜんそくに苦しむ住民が現れました。「四日市ぜんそく」と呼ばれる公害病が起きていたのです。

四日市ぜんそくの発生した地域

1959（昭和34）年に工場の操業が本格的に始まった、第1石油化学コンビナートは、四日市市内の臨海部、塩浜地区にあった旧日本海軍の燃料工場跡地の中心にありました。周辺には住宅もあり、住民からは石油化学コンビナートの工場から出る煙やすす、騒音、悪臭に対して、苦情が出るようになりました。

最初に被害が問題化したのは漁業でした。四日市沖でとれる魚が油くさいといわれ、売れにくくなったのです。三重県が調査をすると、異臭の原因は、石油化学工場などからの排水にふくまれていた、悪臭のする鉱物性の油だとわかりました。その油は、海水とともに魚のえらから体内に取りこまれていたのです。工場の排水が海水を汚染し、漁業に大きな損害をあたえていました。

四日市臨海工業地帯
写真提供／四日市公害と環境未来館

上の写真は四日市臨海工業地帯。石油化学コンビナートの工場から、煙が立ち上っている。右は、四日市市内の大気汚染地区の地図と、地区別の人口（1964年10月1日常住人口調査による）。
出典／四日市市「四日市公害のあらまし」より作成。

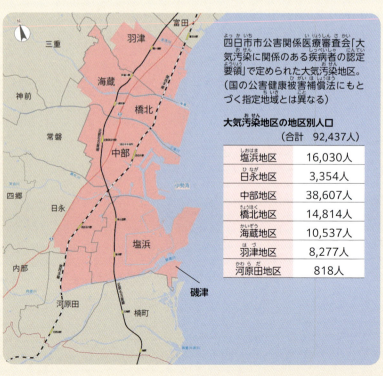

四日市市公害関係医療審査会「大気汚染に関係のある疾病者の認定要領」で定められた大気汚染地区。（国の公害健康被害補償法にもとづく指定地域とは異なる）

大気汚染地区の地区別人口
（合計 92,437人）

塩浜地区	16,030人
日永地区	3,354人
中部地区	38,607人
橋北地区	14,814人
海蔵地区	10,537人
羽津地区	8,277人
河原田地区	818人

原因物質「亜硫酸ガス」

　四日市市の公害問題は、海水の汚染だけではありません。大気汚染はより深刻なものでした。
　1961（昭和36）年ごろから、石油化学コンビナートの近くの住民に、のどの痛みやせき、ぜんそくなど、呼吸器系の病気の症状をうったえる人が増えました。ぜんそくの症状には、せきや呼吸困難、息を吸うとぜいぜい、ひゅうひゅうと音がする喘鳴などがあり、発作が起きると苦しい状態が続きます。特に高齢者と9歳以下の子どもたちに多くの患者がいました。
　1963（昭和38）年に第2コンビナートが操業を開始すると、被害がほかの地区にも広がり、「四日市ぜんそく」と呼ばれるようになります。大気汚染がしだいにひどくなっていたため、四日市市が調査団に現地調査を依頼したところ、工場で硫黄分の多い原油がエネルギーとして使われ、工場から亜硫酸ガスが大量に排出されていることがわかりました。
　亜硫酸ガスは二酸化硫黄ともいい、くさった卵のような、鼻を刺すような刺激臭がする気体です。石油化学コンビナートの付近に住む人がかかったぜんそくなどの病気は、この気体が原因ではないかと疑われました。住人たちは日常的に、工場から排出される煙にふくまれる亜硫酸ガスを吸いこんでいました。
　1964（昭和39）年、現地調査を行った調査団は、四日市市を「※ばい煙規制法指定地域」に指定しました。そして、企業や行政が行うべき公害防止対策へのあり方を示しました。

亜硫酸ガスとは

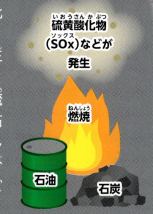

　亜硫酸ガス（二酸化硫黄）は硫黄酸化物（SOx）の一種。硫黄酸化物には三酸化硫黄などもふくむが、大部分は亜硫酸ガスで、石油や石炭などに不純物としてふくまれる硫黄分が燃焼したときなどに発生する。
　硫黄酸化物は水にとけやすいため、鼻やのどなどの粘膜をおおう粘液にとける。すると、感覚器官や気管支を刺激し、ぜんそくなどの呼吸器系の病気をひきおこすと考えられている。

出典／四日市市「四日市公害のあらまし」より作成。

第5章 四日市ぜんそく（1960年ごろ〜）

亜硫酸ガスが工場から人体に入るまで

1 工場から排出された煙の中には、亜硫酸ガスがふくまれていて、大気中に拡散されます。

2 人が亜硫酸ガスをふくんだ空気を吸いこむと、鼻やのど、気管支を刺激して、呼吸器の病気の原因になります。

※ばい煙：物が燃えるときに発生する、すすや煙のこと。「大気汚染防止法」では、硫黄酸化物、ばいじん（煙やすすにふくまれる小さなつぶ）などを有害物質と定めている（📖『健康被害を引き起こす公害』8、16ページ）。

四日市ぜんそくによる障害

四日市ぜんそくの症状

大気汚染の原因物質である亜硫酸ガスは、人が呼吸することによって体内に入ります。亜硫酸ガスを吸いこむと、目やのどが痛くなる、せきが出る、頭痛がするなどの症状が出ます。そして、気管支に炎症が起きると、ぜんそくの発作が起きて、せきが止まらなくなったり、呼吸をするときに喘鳴が起きたりします。場合によっては、呼吸困難におちいることもあります。

石油化学コンビナートの対岸にある磯津地区では、風向きの関係で大気の亜硫酸ガスの濃度が高くなったため、ぜんそくを発症する人の割合が多く、住民の被害が深刻でした。

下のグラフは、1966（昭和41）年に四日市市の石油化学コンビナートに近い小学校と、はなれた地域にある小学校で健康調査をした結果です。コンビナートの近くの小学生は、全ての症状で割合が高くなっていました。

四日市市の医療負担

1965（昭和40）年、四日市市は認定制度を設けて、ぜんそく性気管支炎、気管支ぜんそく、慢性気管支炎、肺気腫を公害病としました。指定された地域に3年以上住んでいて、公害患者と認定された人には、医療費を補助するようになりました。

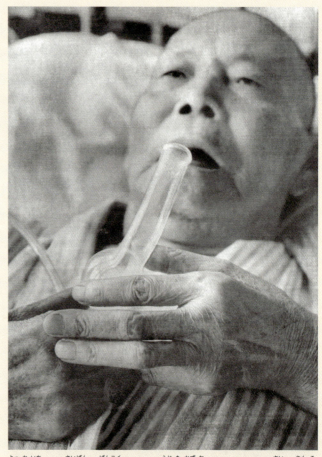

四日市公害裁判の原告の一人、藤田一雄さん（当時66歳）。酸素ボンベの助けを借りながら呼吸する毎日を送っていた。1972年7月24日。
写真提供／毎日新聞

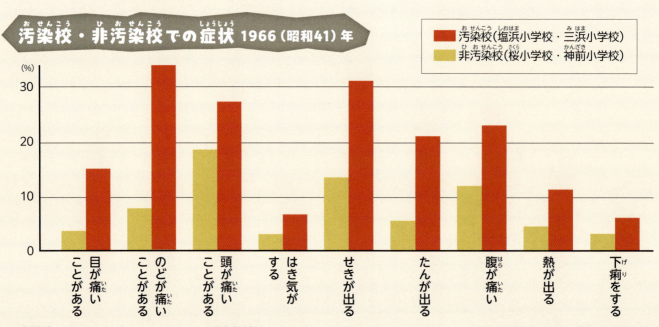

＊汚染校は石油化学コンビナートに近く、非汚染校はコンビナートからはなれている。

出典／「四日市公害と環境未来館」の資料をもとに作成。

裁判で解決を目指す

1964(昭和39)年、ぜんそくで四日市市の病院に入院していた患者が亡くなりました。四日市公害の最初の犠牲者でした。それをきっかけに、公害の反対運動をしている人たちは、大気汚染による公害を引き起こしている企業の責任を問うことを考え始めます。

1967(昭和42年)、公害病に認定された患者9人が、第1コンビナートに工場がある6社の企業を相手に裁判を起こしました。昭和四日市石油、三菱油化、三菱化成工業、三菱モンサント化成、中部電力、石原産業の6社の株式会社です。これらの企業は、「工場のばい煙が大気を汚染したことはない。ばい煙にふくまれる亜硫酸ガスが原告に健康被害をあたえたという関係性はない」と主張しました。

5年におよぶ裁判の結果、1972(昭和47)年7月に判決が出ました。判決は、原告側の主張を全面的に認めたものでした。原告たちの発症と工場のばい煙に関係があること、企業が共同で不法行為を行ったこと、企業の工場の立地の選び方や操業のしかたに過失があったことを認め、被告6社に対して、連帯して8,800万円の損害賠償を行うことを命じました。

また、判決は、被告6社の責任だけでなく、国や三重県、四日市市に対しても、公害をふせぐための努力を求めるという画期的なものでした。被告側の企業6社は、控訴(不服を申し立てること)をせずに、判決を受け入れました。この四日市ぜんそくの裁判の判決は、その後の日本の公害対策や公害裁判に大きな影響をあたえることになります。

提訴から判決まで

出典／四日市市「四日市公害のあらまし」より作成。

原告9人
塩浜病院に入院中の磯津地区の公害認定患者

損害賠償請求

被告
昭和四日市石油株式会社、三菱油化株式会社、三菱化成工業株式会社、三菱モンサント化成株式会社、中部電力株式会社、石原産業株式会社

原告側の主張
被告6社工場の亜硫酸ガスをふくむばい煙が、大気を汚染していることを知りながら、十分な設備の改善をしないで操業を続けたため、原告は健康を害した。

被告側の主張
工場のばい煙が大気を汚染したことはなく、このばい煙の中の亜硫酸ガスで、原告が健康を害したという関係性はない。

訴訟

法的根拠
民法709条(不法行為による損害賠償)、民法719条(共同不法行為)

第5章 四日市ぜんそく(1960年ごろ～)

公害認定患者の原告9人

四日市公害裁判の勝訴報告を行う原告や支援者たち

原告は、ぜんそく患者が多発した塩浜地区磯津の住人(左の写真)。右の写真は、1972年7月の四日市公害裁判勝訴の報告集会。「最新技術で防止措置をとっていた」という被告企業の主張がしりぞけられた。

写真提供／四日市公害と環境未来館

33

四日市ぜんそくへの対策

地域の小学校の取り組み

大気汚染の影響を受けていた地区の4つの小学校に、各教室1、2台の空気清浄機が置かれました。また、悪臭がひどいときに全員が避難する、空気清浄冷房設備付きの講堂もつくられました。

特に第1コンビナートに隣接する塩浜小学校では公害病に認定された子どもが多数いたため、右の表のようなさまざまな健康教育が行われました。

企業の取り組み

四日市市の企業は、しだいに公害防止対策に熱心に取り組むようになりました。硫黄酸化物の濃度を下げるために、亜硫酸ガスの発生の少ない原油を使うようになります。また、煙の濃度を下げるため、高い煙突をつくりました。この高い煙突は、すぐ近くの地域では新たな患者の発生をおさえる効果がありました。

1968年(昭和43)年には、「大気汚染防止法」が制定され、汚染物質の地上での濃度規制が強化されました。しかし、四日市市には工場が集中しています。汚染物質の濃度規制や発生施設ごとの排出規制だけでは、排出される汚染物質の総量は、工場の数の分だけ多くなるため、※1 環境基準が保てません。そこで三重県では1972(昭和47)年、国に先がけて硫黄酸化物の※2 総量規制を実施します。地域が目標とする環境濃度を設定し、地域全体の排出総量を定めて、工場ごとに規制を行いました。

その結果、硫黄酸化物の量が大幅に減り、1976(昭和51)年には、亜硫酸ガスの濃度が国の基準以下の数値を達成して、大気汚染が大幅に改善されました。

うがいの予定が組みこまれた日課表

塩浜小学校健康教育の週間プログラム ＜春・夏・秋＞月火水木金土

8:20～8:30	乾布まさつ(放送にあわせて)
8:30～8:35	うがい(重曹水2%で)
8:35～8:40	健康観察(10項目について個人ごとに)
8:40～9:25	第一限
9:25～9:35	やすみ
9:35～10:20	第二限
10:20～10:40	業間体育
10:40	うがい
10:40～11:25	第三限
11:25～11:35	やすみ
11:35～12:20	第四限
12:20	手洗いとうがい
12:20～1:15	給食、やすみ、肝油の服用
1:15～1:35	清掃
1:35～1:40	うがい(重曹水2%で)
1:40～2:25	第五限
2:25～2:35	やすみ
2:35～3:20	第六限

※体育のあと、手洗いとうがいをする。

写真は水道の蛇口の多いうがい場でうがいをする子どもたち。
資料・写真提供／四日市市塩浜小学校。四日市市「四日市公害のあらまし」より。

四日市市の企業の取り組み

出典／四日市市「四日市公害のあらまし」より作成。

1970年代になると、大気汚染対策として、高ばい煙処理の装置が開発され、工場に設置された。水質対策としては微生物を利用した排水処理装置が整備された。こうして、有害物質の発生をおさえられるようになっていった。

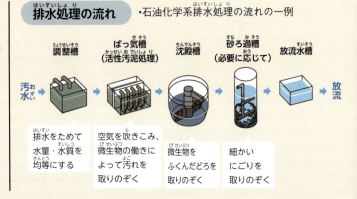

ばい煙処理の流れ

ボイラー → 排煙脱硝装置 → 電気集じん装置 → 排煙脱硫装置 → 高煙突

- 燃料を燃やすと窒素酸化物や、ばいじん(すす)、硫黄酸化物が発生する
- 発生した窒素酸化物を取りのぞく
- ばいじん(すす)を取りのぞく
- 硫黄酸化物を取りのぞく
- 高い煙突から排出する

排水処理の流れ ・石油化学系排水処理の流れの一例

汚水 → 調整槽 → ばっ気槽(活性汚泥処理) → 沈殿槽 → 砂ろ過槽(必要に応じて) → 放流水槽 → 放流

- 排水をためて水量・水質を均等にする
- 空気を吹きこみ、微生物の働きによって汚れを取りのぞく
- 微生物をふくんだどろを取りのぞく
- 細かいにごりを取りのぞく

※1 環境基準:人の健康を保護する上で望ましい基準で、環境汚染の改善目標値(■『健康被害を引き起こす公害』17ページ)。 ※2 総量規制:工場・事業場が集中し、汚染が進んでいる地域で、濃度や発生施設ごとの規制では環境基準を保てない場合に効果的な、地域全体の排出総量を規制する方法。

四日市ぜんそくのこれから

　1988（昭和63）年に、四日市市の一部と楠町（現在は四日市市に統合されている）で大気汚染の地域指定が解除されました。その後は、四日市ぜんそくの新たな患者の認定は行わないことになりました。ただし、それまでに認定を受けていた患者たちに対しては、これまでどおりに補償を続けています。

　公害による汚染をのりこえ、住みやすい環境を取りもどした四日市市は、産業公害をふせぐ技術を海外へ伝えるため、1990（平成2）年、「環境技術移転センター」を設立しました。現在は、「国際環境技術移転センター（ICETT）」として、環境保全をになう人材育成なども行っています。

　また、1995（平成7）年3月に「四日市市環境基本条例」を制定し、9月には「快適環境都市宣言」を行い、環境負荷の少ない、持続可能なまちづくりを進めています。

　これまでに四日市ぜんそくと認定された患者は2,219名です。ぜんそくの発作を起こして亡くなった小学生もいました。四日市ぜんそくが起きてから60年以上経ちますが、現在も病気で苦しんでいる人たちがいます。公害病のおそろしさを忘れないようにしたいものです。

四日市公害と環境未来館

　四日市公害と環境未来館は、四日市で起こった公害の歴史と教訓を伝え、本格的に公害や環境について学習ができる施設として、2015（平成27）年3月に開館した。市内の小・中学生に向けた公害学習の取り組みも進められている。

四日市公害と環境未来館の外観（右の写真）。公害の被害者の証言を聞くことができる館内のコーナー（左の写真）。

第5章 四日市ぜんそく（1960年ごろ～）

大気汚染にかかわる年表

1890年ごろ	栃木県の足尾銅山鉱毒事件で亜硫酸ガスが排出される。
1945-1950年	工場地帯で、ばい煙や鉄粉などが排出される。
1950年ごろ	東京、大阪、神奈川で公害防止条例が制定される。
1960年ごろ	四日市ぜんそくの被害が深刻化する。
1967年	公害対策基本法が制定される。
1968年	大気汚染防止法が制定される。
1993年	環境基本法の制定。
1999年	PRTR法（特定化学物質の環境への排出量の把握等及び管理の改善の促進に関する法律）、ダイオキシン類対策特別措置法が制定される。
2013年	PM2.5に関する暫定基準が設定される。

四日市市の公害認定患者数の推移

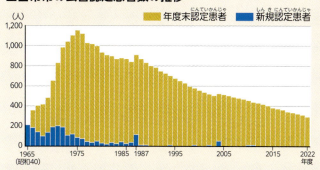

四日市市の認定患者数は、四日市市が独自に認定した数をふくむ。1988（昭和63）年以降、新たな患者認定は行っていない。2004（平成16）年度の新規認定患者数の増加は、楠町が合併されたことによるもの。

亜硫酸ガスの濃度変化（磯津測定局）

出典／四日市市「四日市公害のあらまし」より作成。

第6章

新潟水俣病（1965年ごろ〜）

1956（昭和31）年に熊本県で水俣病が公式に発表されてから9年後の1965（昭和40）年、新潟県を流れて日本海に注ぐ阿賀野川の下流域でも、水俣病と同じような症状の患者がいることがわかりました。阿賀野川の上流にできた工場の排水にふくまれていたメチル水銀による中毒でした。熊本県の水俣病と同じ、メチル水銀による公害病であることから、第二の水俣病として「新潟水俣病」といわれています。

新潟水俣病の発生地域と原因

新潟水俣病の発生地域となった阿賀野川の流域は、豊かな自然に恵まれ、サケ、マス、アユといった海や川を行き来する魚や、コイ、フナ、ウグイなどの川魚が多く生息し、漁がさかんに行われていました。川の砂利を取って、船で下流に運ぶ仕事をして生活する人たちもいました。

1928（昭和3）年、阿賀野川の上流に鹿瀬発電所（鹿瀬ダム）が完成しました。翌年、ダムの近くに昭和電工株式会社（現在の株式会社レゾナック・ホールディングス）の鹿瀬工場が建てられ、阿賀野川上流の山で取れる石灰岩と、ダムで発電する電気を利用して肥料の製造が開始されました。1950年代に入ると、高度経済成長期に多く使われるようになったプラスチックや、ビニールの原料となるアセトアルデヒドを主力製品として製造するようになります。

水俣病発生地域

出典／環境庁環境保健部「水俣病その歴史と対策1997」より作成

旧昭和電工鹿瀬工場の全景
大きくくねって流れる阿賀野川。上流にできた鹿瀬ダムの電力を利用して、肥料やアセトアルデヒドを製造していた。
写真提供／新潟日報社

原因物質はメチル水銀

阿賀野川の水は、農業用水や水道用水のほか、工業用水としても使われています。昔は、肉や海の魚が手に入りにくかったので、タンパク質が豊富な川魚は、阿賀野川流域の人たちにとって、貴重な食料でした。

1964（昭和39）年に阿賀野川下流の沿岸に住む人たちの間で、手足のしびれや体のふらつき、歩けないなどの症状をうったえる人が現れました。患者を診察した新潟大学医学部附属病院の医師たちは、その症状から有機水銀の中毒を疑いました。熊本県で発生した水俣病と同じような症状が現れていたためです。

そこで、医師たちは「原因不明の有機水銀中毒患者が阿賀野川の下流地域に出ている」と、1965（昭和40）年5月に県に報告しました。当時、確認されていた患者は7人で、すでに2人は亡くなっていました。

県が調査したところ、原因は阿賀野川に流されていた工場排水だとわかりました。工場排水の中に有毒のメチル水銀がふくまれていたのです。そのため、水中のプランクトンや水生昆虫、川魚などは、食物連鎖の中で、メチル水銀によって汚染されていきました。とくに川底に生息するウグイやニゴイなどの魚には、高い濃度のメチル水銀が蓄積されていました。

髪の毛から高濃度のメチル水銀が検出された患者について本格的な調査が始まった。写真は1965（昭和40）年6月13日付の新聞。
写真提供／毎日新聞

新潟の水俣病が公害病と認定されたことを報じた、1968（昭和43）年9月27日付の新聞。
写真提供／毎日新聞

第6章 新潟水俣病（1965年ごろ〜）

食物連鎖によるメチル水銀の経路

昭和電工の工場では、アセトアルデヒドを製造していた。製造過程で発生するメチル水銀を川に流していたことで、プランクトンや水生昆虫に取りこまれ、さらに川魚に蓄積された。こうして高濃度のメチル水銀をふくんだ魚を多く食べた人が、水俣病を発症した。

出典／新潟県「新潟水俣病のあらまし〈令和5年度改訂〉」

37

新潟水俣病の症状

　新潟水俣病では、右の表のように、さまざまな症状が出ます。手がふるえる、歩くときにふらつく、手足がしびれる、細かい動作がうまくできなくなるといった症状もあれば、ふれられてもわからない、熱さや冷たさを感じにくい、目が見えにくい、耳が聞こえにくいなどの症状が出る人もいました。

　新潟県は、新潟県水銀中毒研究本部を設置し、新潟大学や、関係する市町村や保健所と協力して、住民の健康調査を行い、患者の発見につとめました。最初は阿賀野川下流地域に症状をうったえる人が多く見つかりましたが、しだいに中流や上流の地域にも症状をうったえる人が増えていきました。

　新潟水俣病は、熊本県の水俣病のように、メチル水銀に汚染された川魚をくり返し食べていたことによって起きた神経系の病気です。そのため「第二水俣病」ともいわれています。

新潟水俣病の主な症状

感覚障害	ふれられていることや熱さ冷たさへの感覚が低下する。手足の先になるほど感覚がにぶくなる。
運動失調	手のふるえや歩行時のふらつきが起こる。箸をつかむなどの細かい動作がうまくできなくなる。
求心性視野狭窄	視野がせまくなり、双眼鏡などをとおしてものを見ているような状態になる。
その他	手足や口のまわりのしびれ感、耳鳴り、難聴、味がわからない、言葉が出にくいなどの症状がある。中には外見からは健康な人と見分けのつかない人もいる。

出典／「新潟県立環境と人間のふれあい館」の資料をもとに作成。

　水俣病の症状は、ほかの病気の症状と区別がつかないこともあり、判断が難しく、なかなか認定されませんでした。認定された人は、「ニセ患者」「金目当て」などと心ない言葉をかけられることがありました。また、水俣病とわかると、仕事を辞めさせられることもありました。そのため、差別や偏見を受けることをおそれて、認定の申請をせず、病気をかくしたまま苦しむ人も多くいたのです。

新潟水俣病の認定患者の発生地域

新潟水俣病は、阿賀野川下流の沿岸地域を中心に多数の被害者を出した。

人体内の水銀の動き

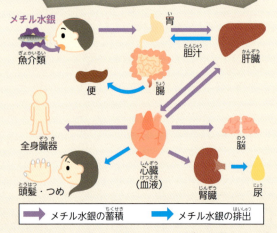

　メチル水銀は、腸から吸収されて、腎臓、肝臓などの臓器に蓄積され、脳にも運ばれる。脳に入ると、運動や感覚にかかわる神経細胞をこわし、いろいろな症状を引き起こす。一部は尿や便、髪の毛やつめなどから排出される。

出典／左右ともに新潟県「新潟水俣病のあらまし〈令和5年度改訂〉」をもとに作成。

被害者が裁判にうったえる

昭和電工株式会社は1965（昭和40）年にアセトアルデヒドの生産を停止すると、製品の工程図を焼却し、製造していた施設を撤去しました。さらに「国の結論が出てもこれに従わない」と公表して、責任を認めませんでした。

これを受けて、「自分たちのことは自分たちで守るしかない。真実を明らかにしよう」と、1967（昭和42）年に被害者3世帯13人が裁判を起こします。裁判では、新潟水俣病と工場排水との関係性や、企業責任について争われました。昭和電工株式会社は「川の汚染は新潟地震（1964年）のときに信濃川の河口付近にあった農業倉庫から農薬が海に流れ、阿賀野川を逆流したからだ」と主張しました。

4年後の1971（昭和46）年9月、新潟地方裁判所は「昭和電工株式会社がメチル水銀を阿賀野川に排出し、それに汚染された川魚を多く食べたことが新潟水俣病の原因だ」と原告側の主張を認め、原告側の勝訴が確定しました。

新潟水俣病裁判の判決で、原告側の勝訴を伝える1971（昭和46）年9月29日の新聞記事。写真提供／新潟日報

新潟水俣病に関するおもな裁判

出典／「新潟県立環境と人間のふれあい館」の資料より作成。

1967～1971年　新潟水俣病第1次訴訟
- メチル水銀をふくんだ工場排水が原因であるとして、昭和電工株式会社に補償を求めた裁判。
- 1971年9月、原告が勝訴し、企業責任が認められた。

1982～1995年　新潟水俣病第2次訴訟
- 熊本県で起こった水俣病をふたたび新潟県で発生させたことに対する国の責任を求め、被害者を水俣病と認めて補償を行うことを昭和電工鹿瀬工場に求めた裁判。
- 1992年3月、新潟地方裁判所で91人中88人を水俣病と認める判決がくだされた（国の責任は否定）。
- 1995年の政治解決により昭和電工株式会社と和解。

2007年～　新潟水俣病第3次訴訟
- 工場排水の規制を行わなかった国の責任、漁業調整規則にもとづく有害物遺棄などの禁止を行わなかったとする県の責任と有害な工場排水による不法行為に対する昭和電工株式会社の責任を求めた裁判。
- 2015年3月、新潟地方裁判所で昭和電工株式会社の責任を追及する原告10人のうちの7人について水俣病と認める判決がくだされた（国・県の責任は否定）。
- 2017年11月、原告10人のうち8人が並行して争っていた新潟水俣病抗告訴訟において、東京高等裁判所で勝訴。

2009～2011年　ノーモア・ミナマタ新潟全被害者救済訴訟（第4次訴訟）
- 工場排水の規制を行わず、被害拡大の防止をおこたり、かつ認定基準をきびしくして患者の救済を切り捨てた国の責任と、有機水銀をふくんだ工場排水を阿賀野川に放出した昭和電工株式会社の責任を求めた裁判。
- 2011年3月に和解。

2013～2017年　新潟水俣病抗告訴訟
- 新潟市長が水俣病の申請を認めなかったことを不服とし、処分の取消と認定の義務づけを求める裁判。
- 2016年5月、新潟地方裁判所で原告9人中7人のうったえを認める。
- 原告と新潟市が東京高等裁判所に控訴。
- 2017年11月、東京高等裁判所で原告9人全員のうったえを認める。

2013年～　ノーモア・ミナマタ新潟第2次全被害者救済訴訟（第5次訴訟）
- ※水俣病被害者救済特別措置法による給付申請の期限に間に合わなかった人や、給付申請をしたが非該当になった人などが国と昭和電工株式会社に損害賠償を求めた。

2024年　4月、新潟地方裁判所は原因企業に約1億円の賠償を命じた。原告47人のうち26人を患者と認めた。

※水俣病被害者救済特別措置法：従来の公害被害者救済法にもとづく水俣病救済者に加えて、認定されていない被害者らに対する新たな救済を行うことを目的とした法律。2009年7月に成立した。

第6章　新潟水俣病（1965年ごろ～）

新潟水俣病患者をささえる活動

新潟水俣病の損害賠償を求める裁判

1974（昭和49）年、公害による被害者の保護と健康を保つことを目的に「公害健康被害補償法」が施行されました。この法律にもとづいて認定された新潟水俣病患者の数は、2023年12月末の時点で716人います。

その後、決められた期限までに新潟水俣病の申請ができなかった人や、認定の対象とならなかった人たちが損害賠償を求めて裁判を起こしました。新潟水俣病が確認されて約60年たった現在も、裁判は続いています。

被害者や市民グループの取り組み

「新潟水俣病の被害を忘れてはいけない」と、新潟水俣病の被害者や家族、市民グループなどが、裁判の支援や、被害を広く伝えるためのさまざまな活動をしています。

被害者団体や支援者でつくる「新潟水俣病共闘会議」では、毎年秋、一般市民を対象に、新潟水俣病が発生した現場をめぐる「現地調査」を行っています。阿賀野川上流にあった旧昭和電工鹿瀬工場の跡地や、その周辺の施設を実際に視察して、被害にあった人たちの話や思いを聞きます。そして、新潟水俣病の現状について参加者みんなで考えます。

「新潟水俣病共闘会議」の現地調査のようす

写真提供／新潟水俣病共闘会議

新潟水俣環境賞作文コンクール

「新潟水俣病被害者の会」と「新潟水俣病阿賀野患者会」は、毎年、新潟県内の小中学生を対象にした作文コンクールを行っています。作文のテーマは、新潟水俣病や身の回りの自然についてです。このコンクールは、「子どもや孫たちに自分たちと同じ苦しみを味わわせてはならない」という強い思いから、次の世代を担う子どもたちに、水俣病についての理解を深め、自然や環境問題に関心をもってもらうために毎年開催されています。

第25回作文コンクール表彰式　写真提供／新潟水俣病共闘会議

文集

2024（令和6）年で第25回をむかえた新潟水俣環境賞作文コンクール。この回の応募数は194点。毎年優秀賞が選ばれて表彰される（左の写真）。文集『思いを絆げる』には、第1回から第16回までの優秀賞受賞作品が掲載されている（上の写真）。

新潟水俣病の歴史と教訓を伝える碑

> 新潟水俣病の歴史と教訓を伝える碑
>
> 新潟水俣病は、昭和電工株式会社鹿瀬工場から阿賀野川に排出されたメチル水銀が食物連鎖で川魚に取り込まれ、それを人々が多食したことで発生した公害病で、一九六五(昭和四十)年に被害が確認されました。
>
> 一九五六(昭和三十一)年に熊本県で水俣病が確認されてから九年後に発生したため、第二の水俣病ともいわれます。高度経済成長期、我が国が豊かで快適な社会の実現を追求してきた一方で、この公害の発生により、平穏に暮らしてきた人々にとって予想もしなかった甚大な被害が生じました。
>
> 被害が確認されて半世紀を経た今日においても、いまだに訴訟による解決を求めなければならない状況が続いており、被害の全貌も明らかになっていません。健康上の不安や経済的な不安を抱える人、いわれのない偏見や中傷に苦しみ被害の声をあげることのできない人も存在しています。
>
> 公式確認から五十年の節目にあたり、私たちは、このような悲惨な公害を繰り返してはならないという思いを後世に引き継ぐとともに、美しく恵み豊かな故郷を守っていくことを誓い、この石碑を建立します。
>
> 平成二十八年三月
> 新潟水俣病公式確認五十年事業実行委員会会長
> 新潟県知事　泉田　裕彦

右上の写真の中央にある記念碑(右下の写真も)には「阿賀野川を平和で豊かに」と刻まれている。向かって左にある石碑には、左上の「新潟水俣病の歴史と教訓を伝える碑」の文面が書かれている。写真・資料提供／新潟県「新潟水俣病のあらまし」(令和5年度改訂)をもとに作成。

第6章　新潟水俣病(1965年ごろ〜)

新潟水俣病のこれから

新潟水俣病地域福祉推進条例

新潟県では、新潟水俣病対策をより積極的に進めていくため、2008(平成20)年10月に「新潟水俣病地域福祉推進条例」を制定しました。被害者が差別や偏見を受けることなく、安心して暮らせる地域社会を目指し、患者の人たちの保健福祉や、新潟水俣病についての教育活動に力を注いでいます。

水俣病の教訓を生かす事業

1995(平成7)年、「新潟水俣病被害者の会」と「新潟水俣病共闘会議」は、昭和電工株式会社との間で和解協定を結びました。そして、地域の再生・振興に参加、協力する目的で昭和電工から寄付されたお金をもとに、新潟県では水俣病の教訓を生かす事業に取り組んでいます。

2001(平成13)年には、新潟水俣病と水の環境をテーマにした施設、「新潟県立環境と人間のふれあい館〜新潟水俣病資料館〜」がオープンしました。

新潟水俣病の歴史と教訓を伝える

2016(平成28)年には、新潟水俣病が公式に確認されてから50年経ったことを記念した式典に合わせて、「環境と人間のふれあい館」の敷地内に記念碑が建てられました。

この施設では、新潟水俣病について、映像やパネル展示、資料などで紹介しています。また、語り部の話を聞いたり、水質汚濁の原因を考える水の実験をしたりすることもできます。新潟水俣病の歴史と教訓を多くの人に知ってもらうため、市民が協力して取り組んでいます。

「新潟県立環境と人間のふれあい館」の全景
写真提供／新潟県立環境と人間のふれあい館

コラム記事

公害問題から環境問題へ

― 環境省の取り組み ―

環境庁から環境省へ

高度経済成長期（1955～1973年ごろ）、大気汚染や水質汚濁など、住民の生命や健康をおびやかす公害問題が各地で発生しました。当時は公害について担当する役所は、健康被害は厚生省（現在の厚生労働省）、企業の指導は通商産業省（現在の経済産業省）などと、いく

環境省機構図

環境省定員：2,252名
2024(令和6)年4月1日

環境大臣
- 副大臣
- 大臣政務官
- 事務次官
- 地球環境審議官

大臣官房
- 政策立案総括審議官
- 公文書監理官（充て職）
- サイバーセキュリティ・情報化審議官
- 審議官
- 審議官（充て職）
- 秘書課
  - 企画官
  - 調査官
  - 地方環境室
- 総務課
  - 企画官
  - 広報室
- 会計課

- 環境保健部
  - 企画課
    - 保健業務室
    - 特殊疾病対策室
    - 石綿健康被害対策室
    - 熱中症対策室
  - 化学物質安全課
    - 化学物質審査室
  - 参事官

- 地域脱炭素推進審議官
  - 地域政策課
  - 地域脱炭素事業推進課
  - 参事官

総合環境政策統括官
- 総合政策課
  - 調査官
  - 企画評価・政策プロモーション室
  - 環境研究技術室
  - 環境教育推進室
- 環境経済課
  - 市場メカニズム室
- 環境影響評価課
  - 環境影響審査室

施設等機関
- 環境調査研修所
  - 所長（充て職）
  - 次長
- 国立水俣病総合研究センター
  - 所長
  - 次長

地方支分部局
- 地方環境事務所(8か所)
  北海道、東北、福島、関東、中部、近畿、中国・四国、九州

審議会等
- 中央環境審議会
- 公害健康被害補償不服審査会
- 臨時水俣病認定審査会
- 有明海・八代海等総合調査評価委員会
- 環境省国立研究開発法人審議会

特殊会社
中間貯蔵・環境安全事業株式会社

独立行政法人
環境再生保全機構

国立研究開発法人
国立環境研究所

特別の機関
公害対策会議

出典／環境省の「環境省機構図」をもとに作成。

つかの省庁に分かれていました。1971（昭和46）年に、公害にかかわる担当をまとめ、自然保護などの分野についても引き受ける行政機関として、環境庁が置かれました。

その後、気候変動など、地球規模の環境問題も社会の課題となります。2001（平成13）年に中央省庁の改変にともない、環境庁は大きな組織になって、名称を環境省としました。その際に、廃棄物対策も環境省の担当になります。現在は、公害規制、地球温暖化やオゾン層の破壊、３Ｒと廃棄物処理、化学物質のほか、国境を越えて起こる環境汚染などについて、国内だけではなく、世界に目を向けた取り組みをしています。

環境省が置かれている、東京都千代田区霞が関の中央合同庁舎5号館

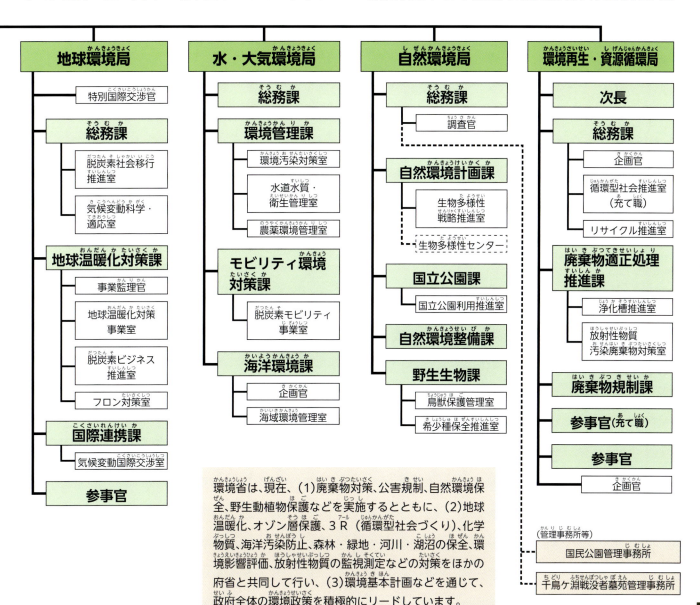

環境省は、現在、(1)廃棄物対策、公害規制、自然環境保全、野生動植物保護などを実施するとともに、(2)地球温暖化、オゾン層保護、３Ｒ（循環型社会づくり）、化学物質、海洋汚染防止、森林・緑地・河川・湖沼の保全、環境影響評価、放射性物質の監視測定などの対策をほかの府省と共同して行い、(3)環境基本計画などを通じて、政府全体の環境政策を積極的にリードしています。

43

巻末資料 日本の公害・環境関連の年表

参考資料／「田中正造とその郷土」ホームページ内「日本の公害年表」をもとに作成、一部追記

時代	年代	主な公害事件と国内・海外の参考になる事がら
明治	1868 (明治元)年	**明治維新(江戸から明治へ)** 日本の公害問題は、明治以降の急激な近代産業の発展にともなって発生した。 明治時代の中期以降、日本は製糸紡績業を中心にして近代産業の基礎を築く。さらに製鉄や造船などの重工業の拡大を進めるようになり、膨大なエネルギーを消費する時代に入る。 当時の主要なエネルギー源は石炭で、この時代から、大阪や九州の八幡などの工業地帯で、石炭の燃焼によるばい煙の発生で大気汚染の現象が見られた。
	1878 (明治11)年	**足尾銅山鉱毒事件(栃木県)** 足尾銅山から鉱毒が流されていたことによる、渡良瀬川流域の被害。現在では「日本の公害運動の原点」といわれている。このときに被害者救済に活躍した人物に田中正造がいる。
	1883 (明治16)年	**浅野セメント降灰事件(東京都)** 東京深川の浅野セメントの工場の煙突から飛散する大量のセメント粉末のため、近所の住民が重大な被害を受けた。
	1893 (明治26)年	**別子銅山煙害事件(愛媛県)** 別子銅山からばい煙による煙害が発生。
大正 昭和	1911 (明治44)年	**神通川イタイイタイ病発生(富山県)⇒四大公害病の一つ** 神通川流域で農作物の被害が起こり、イタイイタイ病が発生。1968(昭和43)年、カドミウムが原因と認定された。
	1937 (昭和12)年	**亜鉛製錬所煙害(群馬県安中市)** 工場からカドミウムが排出されて田畑に流出し、多くの人たちが健康被害をうったえて大きな問題となった。
	1945 (昭和20)年	**太平洋戦争終わる** 1941年12月8日(日本時間)～1945年8月15日(または9月2日)に終結した。
	1954 (昭和29)年	**ビキニ環礁水爆実験(アメリカ合衆国)** 日本の漁船「第五福竜丸」が放射線被爆し、船員の久保山さんが半年後に死亡。 「清掃法制度」制定
	1955 (昭和30)年	**森永ヒ素ミルク事件** 猛毒のヒ素が混入したミルクにより死者130人、患者12,131人を出す。
	1956 (昭和31)年	**水俣病が公式に確認される(熊本県)⇒四大公害病の一つ** 九州水俣湾沿岸で発生したことにより「水俣病」と名づけられた。まずネコなどの小動物に異常な動作が見られるようになり、やがて近隣に住む人間にも症状が現れた。のちに水銀に汚染された魚介類を食べたことが原因だとわかった。
	1958 (昭和33)年	**江戸川漁業被害(東京都)** 江戸川で製紙工場の汚水が流され、漁業被害が発生した。工場排水などの規制に関する法律「工場排水規制法」が制定される。
	1961 (昭和36)年	**四日市ぜんそく被害(三重県)⇒四大公害病の一つ** 四日市の石油コンビナートの稼働による近接地域の呼吸器疾患(のどの上気道炎、気管支炎、気管支ぜんそく、肺気腫)の患者が多数発生。これらを総称して「四日市ぜんそく」と呼んだ。その被害は深刻で、以後の日本各地における公害反対運動に大きな影響をあたえた。 **ベトナム戦争での枯葉剤散布(ベトナム)** 1961年からベトナム戦争で枯葉剤が大量に散布され、副産物としてダイオキシンが発生。のちに流産、異常出産、奇形児、肝臓がんなどの事例が多数報告された。二重胎児のドクちゃん、ベトちゃんの例が特に有名である。
	1962 (昭和37)年	ばい煙の排出の規制に関する法律「ばい煙規制法」を制定 **サリドマイド薬害事件(全国)** 妊婦が鎮痛剤(痛みをしずめる薬)としてサリドマイドを服用したことにより、多くの赤ちゃんに奇形が発症した。 **1週間にわたりスモッグ発生(東京都)** このころより首都圏で冬にスモッグが発生。学校のグラウンドで運動中の小中学生がたおれるなどの被害が出た。

時代	年代	主な公害事件と国内・海外の参考になる事がら
昭和	1962 (昭和37)年	**化学物質による環境汚染の警告書、『沈黙の春』(レイチェル・カーソン著)出版。**
	1964 (昭和39)年	**東京オリンピック開催**
	1965 (昭和40)年	**阿賀野川で新潟水俣病発生(新潟県)⇒四大公害病の一つ** 新潟県阿賀野川流域でメチル水銀におかされた魚などを食べたことにより深刻な健康被害が多数発生した。
	1967 (昭和42)年	「公害対策基本法」制定
	1968 (昭和43)年	**イタイイタイ病を国が認定** 「大気汚染防止法」制定 「騒音規制法」制定 **カネミ油症事件(福岡県北九州市)** 米ぬか油に混入したPCB(ポリ塩化ビフェニル)などが原因で起こった食中毒事件。被害者は全国で約14,000人になり、製造元のカネミ倉庫製油部に営業停止通達が出された。
	1970 (昭和45)年	「水質汚濁防止法」制定 **スモン事件(全国)** 整腸剤キノホルムの服用により、1万人以上に知覚障害などの被害が発生した。 **光化学スモッグ発生(東京都)** 首都圏(東京、神奈川、千葉など)で、夏の運動場にいた生徒たちに目やのどの痛み、めまい、呼吸困難、けいれんなどの症状が多数発生。
	1971 (昭和46)年	**環境庁設置** 「悪臭防止法」制定
	1972 (昭和47)年	**国連人間環境会議開催(ストックホルム)** 「自然環境保全法」制定 **土呂久鉱山亜ヒ酸中毒事件(宮崎県)** 宮崎県高千穂町の土呂久鉱山跡近くの住民、約100人が平均39歳で死亡していることが明らかになる。亜ヒ酸中毒とわかり、公害病に指定される。
	1973 (昭和48)年	**第1次石油ショック** 化学物質の審査と製造などの規制に関する法律「化審法」制定 **六価クロム汚染問題(東京都)** 日本化学工業株式会社の六価クロム鉱滓の投棄により発生した公害。日本化学工業の跡地の都営地下鉄用地などが汚染された。従業員の中には肺がんによる死者や、鼻中隔穿孔などの労働災害が発生。地域住民の中にも健康被害をうったえる者が多数現れた。
	1974 (昭和49)年	**世界の人口が40億人に達する** **水島コンビナート重油流出事件(岡山県)** 岡山県倉敷市の水島コンビナートで三菱石油株式会社の水島精油所の重油タンクの破損により、重油が流出。瀬戸内海の東の水域が油で汚染され、養殖漁業をはじめ水産業に多大な被害が出た。
	1975 (昭和50)年	**豊島産廃公害事件(香川県)** 瀬戸内海の美しい小島に、廃油など許可外の産業廃棄物が投棄され、環境が汚染された。住民が反対運動を展開した。
	1976 (昭和51)年	「振動規制法」制定
	1977 (昭和52)年	「環境保全長期計画」策定 環境庁が、環境保全行政の指針としてまとめる。
	1978 (昭和53)年	**西淀川公害訴訟(大阪市)** 大阪市西淀川区の公害病認定患者と遺族が、阪神工業地帯の一部の企業と道路管理者の国、阪神高速道路公団を相手に、環境基準を超える汚染物質の排出差し止めと損害賠償を求めた裁判。自動車の排気ガスにふくまれる二酸化窒素(NO_2)などによる複合大気汚染で、ぜんそくなどの呼吸器疾患になったとうったえた。1～4次訴訟の結果、1998(平成10)年7月29日に20年ごしの和解が成立。

44　※1　WHO：世界保健機関。すべての人が最高の健康水準に到達することを目的につくられた国連の機関。

時代	年代	主な公害事件と国内・海外の参考になる事がら
昭和	1979 (昭和54)年	**スリーマイル島で原子力発電所事故(アメリカ合衆国)** ペンシルベニア州スリーマイル島の原子力発電所で大量の放射性物質が放出される事故が発生。第2原子炉の2次冷却系のポンプの弁が故障したことで、冷却水の循環がストップし、冷却水が蒸気とともにもれだした。炉心部の一部は液体になっていることが検証により判明した。商業用原子力発電史上、最大の事故となった。 **第1回世界気候会議が、温室効果による温暖化を警告** 酸性雨の防止のための「長距離越境大気汚染条約(ウィーン条約)」採択
	1981 (昭和56)年	**水道水から発がん性物質トリハロメタンを検出(大阪府)** トリハロメタンとは、浄水場で消毒のために加えている次亜塩素と、水道原水の富栄養化により増加しているフミン質や親水性酸などの有機化合物が化学反応を起こして発生する物質。トリハロメタンに発がん性が確認されたことで、厚生省(現在の厚生労働省)は有害化学物質として初の水質基準値を定めた。
	1982 (昭和57)年	**川崎公害訴訟(神奈川県)** 昭和30年代から40年代にかけて、高濃度の大気汚染が発生した。環境基準を上回る二酸化窒素(NO_2)、浮遊粒子状物質(SPM)による汚染が長期にわたって続き、沿道に住む人々の生活に大きな影響をおよぼした。 ぜんそくなどの公害病認定患者と遺族らが、企業や道路管理者の国、首都高速道路公団を相手に裁判を起こし、争いは1999(平成11)5月に和解するまで17年にわたって続いた。
	1985 (昭和60)年	**薬害エイズ事件(全国)** 血友病患者が非加熱製剤による治療を受けたとき、まぎれこんだウイルスによってエイズに感染した。この年、感染の原因が非加熱製剤にあったことを厚生省が正式に認める。 「オゾン層の保護に関するウィーン条約」採択
	1986 (昭和61)年	**チェルノブイリ原子力発電所事故(旧ソビエト社会主義共和国連邦)** 旧ソ連ウクライナ共和国のチェルノブイリ原子力発電所4号炉で起きた大事故。定期点検で出力を停止しているときに実験が行われ、その最中に爆発事故が起き、わずか数秒の間に2度以上の大爆発が起きた。原子炉はこわれ、核燃料はこなごなになって吹き上げられた。1,500mもの上空まで上がった放射性物質が、遠くの国々にまで運ばれ、地球全体にまき散らされることになった。周辺30km圏内は人の住めない場所になり、約13万5千人が避難。事故を起こした4号炉はコンクリートで固められ、「石棺」と名づけられた。 **世界の人口が50億人に達する** 「環境保全長期構想」を決定
	1987 (昭和62)年	「オゾン層を破壊する物質に関するモントリオール議定書」採択
	1988 (昭和63)年	「特定物質等の規制等によるオゾン層の保護に関する法律(オゾン層保護法)」制定
平成	1989 (平成元)年	**名古屋南部大気汚染公害訴訟** 名古屋市南部地域と東海市の住民145人が、名古屋南部地域の企業11社(のちに1社取り下げられて10社)と国道1号、23号などの設置管理者である国を相手に訴訟を起こす。
	1990 (平成2)年	「スパイクタイヤ粉じんの発生の防止に関する法律」制定 **粉じん公害(全国)** 自動車のスパイクタイヤによって粉じんが多量に発生したため、スパイクタイヤの使用を規制する。
	1992 (平成4)年	**野生動物の絶滅をさけるための法律「種の保存法」を制定** **ブラジルのリオデジャネイロで地球サミットが開かれる** 「気候変動枠組(温暖化防止)条約」「生物多様性条約」「森林原則声明」「アジェンダ21(21世紀に向けての行動計画)」が採択される。
	1993 (平成5)年	**環境基本法施行** 環境庁が「環境にやさしい企業行動指針」をまとめる。
	1994 (平成6)年	環境基本計画(第1次)策定
	1995 (平成7)年	「容器包装リサイクル法」制定
平成	1997 (平成9)年	**気候変動枠組条約第3回締約国会議(COP3／地球温暖化防止京都会議)** 温室効果ガス排出削減目標を課す「京都議定書」が採択された。 **ナホトカ号重油流出事故(島根県)** 島根県沖の日本海で起きたロシア船籍タンカー(ナホトカ号)の沈没事故により積荷の重油が流出、1府5県にわたって日本海沿岸に大量の重油が漂着した。
	1998 (平成10)年	**世界の人口が60億人に達する** 「地球温暖化対策の推進に関する法律」制定 「家電リサイクル法」制定、「省エネルギー法」改正
	1999 (平成11)年	**東海村JCO臨界事故(茨城県)** 茨城県東海村の核燃料加工会社(JCO)で、ウラン溶液を沈殿槽に移す作業中に核分裂の反応が始まって、臨界を引き起こした。社員3人が多量の放射線を浴び、放射線障害によって2人が死亡した。 「ダイオキシン類対策特別措置法」制定
	2000 (平成12)年	**荏原製作所(藤沢工場)引地川ダイオキシン汚染事故** 荏原製作所(藤沢工場)が環境基準値の8,100倍という、国内最悪の量のダイオキシンを神奈川県の引地川に排出した。 **雪印乳業集団食中毒事件** 雪印低脂肪乳に病原性黄色ブドウ球菌が混入。菌が増殖して毒素が発生し、14,780人の被害者を出した。集団食中毒事件としては、過去最大級のもの。 環境庁が動植物全てのレッドリストを公表 「循環型社会形成推進基本法」制定 「建設リサイクル法」「グリーン購入法」「食品リサイクル法」を制定
	2001 (平成13)年	**環境庁から環境省へ再編** 1月、第2次森内閣の中央省庁再編によるもの。 「PCB(ポリ塩化ビフェニル)特別措置法」制定
	2002 (平成14)年	「自動車リサイクル法」制定
	2005 (平成17)年	**地球温暖化防止のための「京都議定書」の発効** 日本の削減目標は、「2012年までに1990年比で6%削減」。 **アスベストによる中皮腫などの被害が拡大(国内全域)** 6月末、アスベスト(石綿)が原因で発生した中皮腫によって大手機械メーカーの社員が多数死亡した。それ以降、アスベスト問題は、日常生活に影響をおよぼす深刻な問題とされている。
	2009 (平成21)年	**国連気候変動サミット開催** 鳩山首相が、2020年までに温室効果ガスを1990年比で25%削減すると表明。 **地球温暖化への取り組み、「コペンハーゲン会議」開催**
	2011 (平成23)年	**世界の人口が70億人に達する** **原子力発電所の損壊による放射性物質の拡散(福島県)** 3月11日午後2時46分、東日本大震災が起こり、地震と津波が発生。その影響で、東京電力福島第一原子力発電所の原子炉建屋・送電設備・原子炉機器が大きくこわれ、大量の放射性物質が広がった。
	2012 (平成24)年	「小型家電リサイクル法」制定
	2015 (平成27)年	**国連サミットでSDGs(持続可能な開発目標)採択** **気候変動枠組条約COP21にて、パリ協定採択**
	2017 (平成29)年	「水銀に関する水俣条約」の発効
令和	2019 (令和元)年	「食品ロス削減推進法」公布
	2020 (令和2)年	**新型コロナウイルス感染症を[1]WHOがパンデミックと表明** **菅首相が国会で「2050年[2]カーボンニュートラル」を宣言**
	2021 (令和3)年	「プラスチック資源循環促進法」制定
	2022 (令和4)年	**世界の人口が80億人に達する**

※2 カーボンニュートラル:温室効果ガスの排出量と吸収量のつり合いをとること。

さくいん

あ行

あ
ＩＣ…………………………………11
亜鉛…………………………14,25
阿賀野川…………14,15,36,37,38,39
悪臭………………6,8,9,10,30,34
足尾銅山鉱毒事件…………………12,13
アスベスト…………………………11
アセトアルデヒド…15,19,22,36,37,39
新しい公害………………………10,17
充て職……………………………42,43
亜硫酸ガス…12,14,15,31,32,33,34,35

い
硫黄酸化物………………………8,31,34
石綿…………………………………11
イタイイタイ病
　………6,14,15,16,24,25,26,27,29
イタイイタイ病裁判………………27
イタイイタイ病対策協議会………27
一般廃棄物…………………………10

う
埋込客土工法………………………28
上乗せ客土工法……………………28
運動失調……………………………38

え
永遠の化学物質……………………8
エコパーク水俣……………………22

お
オゾン層…………………………8,43
温室効果ガス………………………8

か行

か
カーボンニュートラル……………45
快適環境都市宣言…………………35
海洋汚染……………………………17
海洋ごみ……………………………17
語り部……………………………29,41
カドミウム…………………14,15,16,24,
　　　　　　　　　25,26,27,28,29
カドミウムイエロー………………25
カドミウム汚染田復元工事………29
カドミウム腎症……………………27
鹿瀬発電所(鹿瀬ダム)……………36
神岡鉱山…………………………25,29
カルシウム…………………………26
感覚障害……………………………38

環境技術移転センター……………35
環境基準……………………………34
環境基本法………………6,7,8,17,35
環境省……………………………42,43
環境省機構図………………………42
環境大臣……………………………42
環境庁……………………………17,43
環境と人間のふれあい館…………41
環境保全…………………6,7,8,16,35
環境モデル都市……………………23

き
気管支ぜんそく……………………32
企業責任…………………………21,39
基準値………………………………13
求心性視野狭窄……………………38

く
空気清浄機…………………………34
熊本県環境センター………………23
熊本大学医学部…………………18,19

け
健康教育……………………………34
健康調査…………………………32,38
健康被害………………17,20,22,23,33,42
建築基準法…………………………10

こ
高煙突………………………………34
公害学習……………………………35
公害苦情……………………………7
公害健康被害補償制度……………17
公害健康被害補償法……………17,40
公害裁判………………………16,27,33
公害先進国…………………………12
公害対策基本法…………6,7,17,35
公害病…………6,7,14,15,16,18,24,
　　　　　　25,27,29,32,33,34,36
公害紛争処理法……………………7
公害防止対策……………………27,34
公害列島……………………………12
光化学スモッグ…………………8,17
抗議運動……………………………16
黄砂…………………………………8
工場排水………8,14,15,19,21,37,39
洪水…………………………………12
厚生省……………………16,25,27,42
交通公害……………………………6
鉱毒調査会…………………………13
鉱毒被害…………………………12,13
耕盤土………………………………28

業病…………………………………25
呼吸困難…………………………31,32
国際環境技術移転センター………35
骨粗しょう症………………………26
骨軟化症……………………………26

さ行

さ
産業型公害…………………………12
産業廃棄物…………………………10
酸性雨………………………………8

し
塩浜小学校…………………………34
塩浜ぜんそく………………………14
仕切り網……………………………22
持続可能な社会……………………16
地盤沈下…………………6,8,9,29
市民グループ………………………40
遮音壁………………………………9
重金属……………………………8,19
住民運動……………………………7
昭和電工株式会社………15,36,39,41
食物連鎖…………………………19,37
植林活動…………………………13,28
腎機能障害………………………26,29
神通川……………14,15,24,25,27,29
振動………………………6,8,9,17
森林破壊……………………………17

す
水質汚濁…………………6,7,8,17,42
水質汚濁防止法……………………17
砂ろ過槽……………………………34

せ
生活排水……………………………8
製錬所………………………………12
せき………………………………31,32
石油(化学)コンビナート
　　　　　　　　…14,16,30,31,32
ぜんそく性気管支炎………………32
全体立入調査………………………29
先端技術……………………………11
喘鳴………………………………31,32
専門立入調査………………………29

そ
騒音………………6,7,8,9,17,30
総量規制……………………………34
損害賠償…………13,16,27,33,40

46

た行

た
ダイオキシン‥‥‥‥‥‥‥‥‥11
大気汚染‥‥6,7,8,14,31,32,34,35,42
大気汚染防止法‥‥‥‥‥‥17,34
胎児性水俣病患者‥‥‥‥‥‥20
第二水俣病‥‥‥‥‥‥‥‥‥‥38
田中正造‥‥‥‥‥‥‥‥‥‥‥13
ＷＨＯ‥‥‥‥‥‥‥‥‥‥44,45

ち
地下水‥‥‥‥‥‥‥‥‥‥‥9,11
地球温暖化‥‥‥‥‥‥‥8,17,43
チッソ株式会社‥‥‥15,18,19,21,22
窒素酸化物‥‥‥‥‥‥‥‥‥‥8
チッソ水俣工場‥‥‥‥‥‥‥‥14
知能障害‥‥‥‥‥‥‥‥‥‥‥20
調整槽‥‥‥‥‥‥‥‥‥‥‥‥34
沈殿槽‥‥‥‥‥‥‥‥‥‥‥‥34

て
テトラクロロエチレン‥‥‥‥‥11
電気集じん装置‥‥‥‥‥‥‥34
電子基板‥‥‥‥‥‥‥‥‥‥‥11
典型７公害‥‥‥‥‥‥‥‥6,7,8

と
銅‥‥‥‥‥‥‥‥‥‥‥‥12,13
都市・生活型公害‥‥‥6,9,12,17
土壌汚染‥‥‥‥‥‥‥6,8,10,11
土壌の復元‥‥‥‥‥‥‥‥‥‥27
富山県立イタイイタイ病資料館‥29
トリクロロエチレン‥‥‥‥‥‥11

な行

に
新潟大学医学部附属病院‥‥‥‥37
新潟水俣環境賞作文コンクール‥40
新潟水俣病
　　　　‥‥‥14,15,16,36,38,39,40,41
新潟水俣病阿賀野患者会‥‥‥‥40
新潟水俣病共闘会議‥‥‥‥40,41
新潟水俣病資料館‥‥‥‥‥‥41
新潟水俣病地域福祉推進条例‥‥41
新潟水俣病被害者の会‥‥‥40,41
ニカド電池‥‥‥‥‥‥‥‥‥‥25
二酸化硫黄‥‥‥‥‥‥‥‥‥‥31
日照権‥‥‥‥‥‥‥‥‥‥‥‥10
日照不足‥‥‥‥‥‥‥‥‥10,17
認定患者‥‥‥‥‥‥‥29,33,35,38

認定基準‥‥‥‥‥‥‥‥‥‥‥21
認定制度‥‥‥‥‥‥‥‥‥‥‥32

の
農業廃水‥‥‥‥‥‥‥‥‥‥‥8
脳性麻痺‥‥‥‥‥‥‥‥‥‥‥20
農地復元‥‥‥‥‥‥‥‥‥‥‥28
濃度規制‥‥‥‥‥‥‥‥‥‥‥34

は行

は
ばい煙‥‥‥‥‥‥‥‥31,33,34,35
ばい煙規制法指定地域‥‥‥‥31
排煙脱硝装置‥‥‥‥‥‥‥‥34
排煙脱硫装置‥‥‥‥‥‥‥‥34
バイオテクノロジー‥‥‥‥‥11
排気ガス‥‥‥‥‥‥‥‥9,14,17
肺気腫‥‥‥‥‥‥‥‥‥‥‥‥32
廃棄物処理法‥‥‥‥‥‥‥‥10
廃棄物投棄‥‥‥‥‥‥‥6,7,8,10
排出規制‥‥‥‥‥‥‥‥‥‥34
賠償金‥‥‥‥‥‥‥‥‥‥‥‥21
ばいじん（すす）‥‥‥‥‥31,34
ハイテク汚染‥‥‥‥‥‥‥‥11
ばっ気槽‥‥‥‥‥‥‥‥‥‥34
半導体‥‥‥‥‥‥‥‥‥‥11,25

ひ
PM2.5‥‥‥‥‥‥‥‥‥‥‥8,35
PFAS‥‥‥‥‥‥‥‥‥‥‥‥‥8
東日本大震災‥‥‥‥‥‥‥11,13
光害‥‥‥‥‥‥‥‥‥‥‥‥‥10
微小粒子状物質‥‥‥‥‥‥‥8
ビタミンD‥‥‥‥‥‥‥‥‥‥26

ふ
風土病‥‥‥‥‥‥‥‥‥‥‥‥25
復元工事‥‥‥‥‥‥‥‥‥‥‥28
福島第一原子力発電所‥‥‥‥‥11
古河鉱業‥‥‥‥‥‥‥‥‥‥‥13

ほ
放射性物質‥‥‥‥‥‥‥‥‥‥11
放流水槽‥‥‥‥‥‥‥‥‥‥34
補償制度‥‥‥‥‥‥‥‥‥‥‥17

ま行

ま
マイクロエレクトロニクス‥‥‥11
摩擦音‥‥‥‥‥‥‥‥‥‥‥‥9
慢性気管支炎‥‥‥‥‥‥‥‥32

み
三井金属鉱業‥‥‥‥14,15,25,27,29
水俣市立水俣病資料館‥‥‥‥23
水俣市‥‥‥‥‥‥‥‥14,18,19,23
水俣病‥‥‥‥‥‥6,14,15,16,17,18,19,
　　　　　　　　20,21,22,23,37,38
水俣病慰霊の碑‥‥‥‥‥‥‥23
水俣病裁判‥‥‥‥‥‥‥‥‥‥21
水俣病情報センター‥‥‥‥‥23
水俣病総合対策医療事業‥‥‥‥22
水俣病被害者の救済に関する
特別措置法‥‥‥‥‥‥‥‥‥‥22
水俣湾‥‥‥‥‥‥‥14,16,18,19,22

め
メチル水銀‥‥‥‥‥14,15,18,19,20,
　　　　　　　　22,36,37,38,39
メチル水銀中毒‥‥‥‥‥‥‥19

も
もやい直し‥‥‥‥‥‥‥‥‥‥23
もやい直しセンター「きずなの里」‥23

や行・ら行・わ行

や
八代海‥‥‥‥‥‥‥‥‥14,15,18
谷中村‥‥‥‥‥‥‥‥‥‥‥‥13

ゆ
有害物質‥‥‥‥‥‥‥6,8,13,24
有機水銀‥‥‥‥‥‥‥‥‥‥‥37
有機フッ素化合物‥‥‥‥‥‥‥8
有機溶剤‥‥‥‥‥‥‥‥‥‥8,11

よ
要観察者‥‥‥‥‥‥‥‥‥‥‥29
四日市公害と環境未来館‥‥‥‥35
四日市市環境基本条例‥‥‥‥35
四日市臨海工業地帯‥‥‥‥‥30
四日市ぜんそく
　　　‥‥‥6,14,15,16,30,31,32,33,34,35
四大公害病‥‥‥‥‥6,7,14,15,16,17

り
リン酸‥‥‥‥‥‥‥‥‥‥‥‥26

わ
渡良瀬川‥‥‥‥‥‥‥‥‥12,13

47

「四大公害病と環境問題」全4巻

A4変型判　各巻48ページ　C8336　NDC519

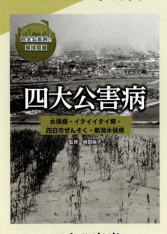
四大公害病
水俣病・イタイイタイ病・四日市ぜんそく・新潟水俣病

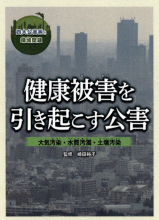
健康被害を引き起こす公害
大気汚染・水質汚濁・土壌汚染

生活環境をそこなう公害
騒音・振動・地盤沈下・悪臭

新しい公害と環境問題
交通公害・日照不足・有害物質 ほか

■監修　崎田裕子（さきたゆうこ）

ジャーナリスト・環境省登録の環境カウンセラー。1974年、立教大学社会学部卒業。(株)集英社で11年間雑誌編集の後、フリージャーナリストに。生活者・地域の視点から環境問題に関心を持ち、近年は「持続可能な社会」を中心テーマに、気候変動対策や循環型社会づくりに取り組んでいる。「全国おいしい食べきり運動ネットワーク協議会」会長、早稲田大学招聘研究員。「中央環境審議会」「総合資源エネルギー調査会」等委員として、政策検討にも参加してきた。NPO法人新宿環境活動ネット代表理事として、環境学習を推進。NPO法人持続可能な社会をつくる元気ネット前理事長。

■写真提供・協力（順不同）
朝日新聞社　毎日新聞社　北國新聞社　新潟日報社　熊本日日新聞社　富山県立イタイイタイ病資料館　四日市公害と環境未来館　新潟県立環境と人間のふれあい館　新潟水俣病共闘会議　水俣市立水俣病資料館　環境省水俣病情報センター　フォトライブラリー
なお、写真や資料などご協力いただきました団体や組合などの名称は、各掲載ページに記載させていただいています。

- ●編集　株式会社 アルバ
- ●編集協力・執筆協力・校正　斉藤道子（OFFICE BLEU）　砂野加代子
- ●イラスト作成　門司恵美子　能勢明日香（チャダル108）
- ●校正　望月裕美子
- ●デザイン・DTP　門司美恵子　能勢明日香（チャダル108）

四大公害病と環境問題
四大公害病 水俣病・イタイイタイ病・四日市ぜんそく・新潟水俣病

初版発行／2025年2月　第2刷発行／2025年5月

監　修　崎田裕子
発行所　株式会社 金の星社
　　　　〒111-0056 東京都台東区小島 1-4-3
　　　　TEL 03-3861-1861(代表)
　　　　FAX 03-3861-1507
　　　　振替 00100-0-64678
　　　　ホームページ https://www.kinnohoshi.co.jp
印　刷　広研印刷株式会社
製　本　株式会社難波製本
■48ページ 29.3cm NDC519 ISBN978-4-323-06781-0

■乱丁落丁本は、ご面倒ですが、小社販売部宛にご送付ください。送料小社負担でお取り替えいたします。
©Aruba,2025 Published by KIN-NO-HOSHI SHA, Printed in Japan.

JCOPY　出版者著作権管理機構 委託出版物

本書の無断複写は著作権法上での例外を除き禁じられています。複写される場合は、そのつど事前に、出版者著作権管理機構（電話 03-5244-5088、FAX 03-5244-5089、e-mail: info@jcopy.or.jp）の許諾を得てください。
※本書を代行業者等の第三者に依頼してスキャンやデジタル化することは、たとえ個人や家庭内での利用でも著作権法違反です。

金の星社は1919（大正8）年、童謡童話雑誌『金の船』（のち『金の星』に改題）創刊をもって創業した最も長い歴史を持つ子どもの本の専門出版社です。

よりよい本づくりをめざして

お客様のご意見・ご感想をうかがいたく、読者アンケートにご協力ください。ご希望の方にはバースデーカードをお届けいたします。アンケートご入力画面はこちら！
https://www.kinnohoshi.co.jp